Encyclopédie Hachette des connaissances agricoles

Je fais mon miel

Direction : Jean-François Moruzzi, Pierre-Jean Furet
Édition : Anne Le Meur
Conception graphique : Nicole Dassonville (Hachette Pratique)
Illustrations : Julien Norwood
Réalisation : Les PAOistes
Photogravure : Altavia Lille
Relecture : Anne Fragonard-Le Guen
Fabrication : Amélie Latsch
Partenariats : Sophie Morier-Augereau (smorier@hachette-livre.fr ; tél. 01 43 92 33 71)

L'éditeur remercie Sandra Rodrigues de Oliveira et Marie Morel pour leur aide précieuse, ainsi que Sylvie Gabriel pour ses recherches dans le fonds documentaire Hachette Livre.

Avertissement

L'apiculture est soumise à une réglementation précise et comporte des risques. L'auteur et l'éditeur conseillent vivement de respecter les règles de prudence ; ils ne sauraient être tenus pour responsables en cas d'accident.

Michel Ricard
de la Société centrale d'apiculture

Illustrations de Julien Norwood

Encyclopédie Hachette des connaissances agricoles

Je fais mon miel

hachette
PRATIQUE

Sommaire

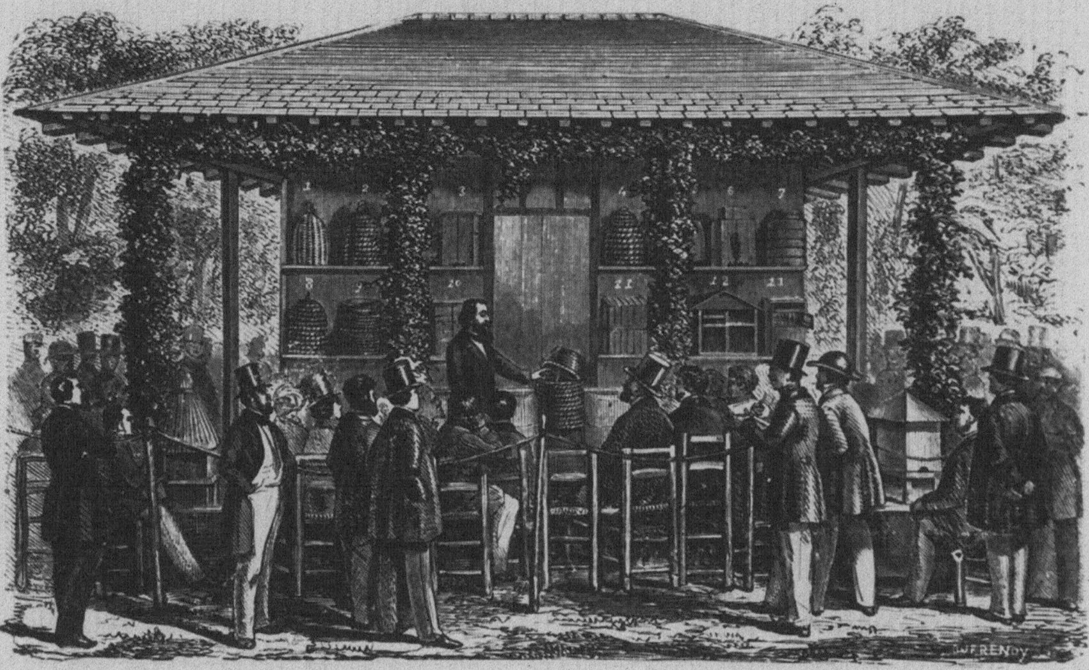

HAMET faisant son cours au rucher du Luxembourg en 1866.

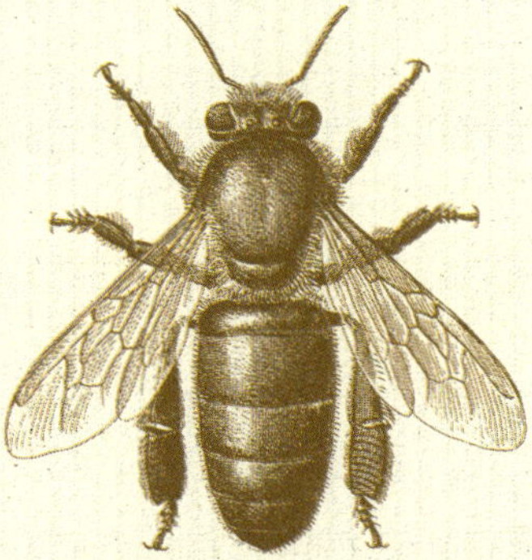

La Société centrale d'apiculture et les ruchers-écoles

Dans les années 1820 déjà, Lombard, membre de la Société d'agriculture de Paris et de Versailles, installait un rucher près de la barrière du Roule, actuel parc Monceau à Paris, afin de délivrer un enseignement apicole. Trente-cinq ans plus tard, Henri Hamet fondait la Société centrale d'apiculture, première association officiellement créée en France. Il avait besoin d'un outil de travail pour transmettre ses idées. Avec l'appui du Sénat et du ministère de l'Agriculture, il fit édifier dans le jardin du Luxembourg un rucher-école qu'il qualifiait de « monumental ».

Pour lui aussi, il s'agissait d'abord d'améliorer les connaissances apicoles des nombreux auditeurs qui se pressaient à ses cours année après année. Henri Hamet en profita pour crier haut et fort son opposition à une pratique alors très répandue, qui consistait à étouffer les abeilles pour récolter le miel. Destinés à l'initiation, à la formation professionnelle, voire à la recherche scientifique, les ruchers-écoles se sont développés dans la France entière.

Devenir apiculteur

L'apiculture a longtemps été une activité exclusivement rurale. Rien de plus normal : les plantes, les arbustes et les arbres susceptibles d'intéresser les abeilles sont plus présents dans les zones de faible densité de population que dans les agglomérations urbaines. Aujourd'hui, nos villes sont pourtant de plus en plus nombreuses à accueillir des ruchers. De quoi susciter des vocations !

La France apicole

La production de miel connaît une baisse sensible et varie extrêmement selon les conditions climatiques de l'année (de 18 à 20 000 tonnes en moyenne), tandis que la consommation avoisine les 40 000 tonnes. D'où la nécessité d'importer du miel de nos voisins : Hongrie, Espagne, Argentine et Allemagne. Contrairement à une idée répandue, la Chine est encore un petit fournisseur pour la France, mais les volumes augmentent peu à peu. Si l'apiculture est très disséminée en France, les principales régions de production sont les Alpes du Sud, la haute Provence, les Landes, le Narbonnais, le Gâtinais et la Bretagne.

Une activité traditionnellement familiale

Jusqu'au XIXe siècle, l'agriculture était essentiellement le fait de petites exploitations pratiquant la polyculture sur des terrains très morcelés, entourés de haies. Dans ces fermes la production de miel et de cire contribuait à l'économie domestique tout en offrant des revenus complémentaires.
Actuellement, sur les quelque 84 500 apiculteurs que compte la France, les propriétaires de moins de 10 ruches sont encore les plus nombreux (près de 80 %).

Abeille des champs…

Toutes les régions n'ont pas été touchées au même moment par la révolution industrielle, celles des grandes plaines du centre ou de l'ouest de la France se convertissant plus vite à la mécanisation que celles plus pauvres ou marquées par un relief accidenté, comme les pentes du Massif central ou du Jura. Néanmoins, dans la seconde moitié du XXe siècle, un nouveau paysage agricole s'est imposé : la surface des parcelles a augmenté après remembrements et regroupements des anciennes petites exploitations, les haies ont été arrachées afin de faciliter le passage des engins, la recherche du rendement est devenue la règle pour répondre aux besoins de la population d'après-guerre.
De nouvelles cultures (colza, tournesol) ont peu à peu remplacé les plantes fourragères. Les surfaces emblavées en céréales se sont accrues, au détriment des aires de nutrition plus diversifiées des abeilles. La monoculture, impliquant une floraison unique dans l'année, est pratiquée sur des surfaces de plus en

plus importantes. Quant aux pesticides, insecticides, fongicides et autres désherbants, ils ont une action chronique ou aiguë sur les insectes protégés. « Propres comme des sous neufs », les champs ne possèdent plus une herbe sauvage, plus une fleur.
Aujourd'hui, les zones refuges pour les abeilles restent les contrées économiquement plus pauvres : basse et moyenne montagne où le relief limite la mécanisation. Dans ces régions où l'élevage est encore très important, de grandes étendues sont réservées aux ressources fourragères.

… Abeille des villes

Depuis plus d'une décennie maintenant, l'apiculture traverse une grave crise, non seulement en France, mais aussi dans le monde entier. Dépopulation, perte du cheptel, baisse dramatique des rendements : bien des apiculteurs sont sinistrés. Or, parallèlement, les abeilles vivant dans les villes ou dans les périphéries urbaines se portent toujours bien et produisent du miel de qualité sans que l'on observe de baisses quantitatives. Comment et pourquoi des abeilles incapables de remplir leur mission ancestrale à la campagne continuent-elles à œuvrer normalement en ville ?
Certains éléments naturels, caractéristiques de la ville, améliorent le comportement des abeilles à plus ou moins grande échelle selon l'environnement.

- La température est toujours un peu plus élevée en milieu urbain qu'en rase campagne. Un facteur important au printemps, lors du développement des colonies, alors que les températures nocturnes et diurnes sont encore fraîches.
- L'eau, indispensable à l'abeille comme à tout être vivant, ne fait jamais défaut en ville, alors que la sécheresse peut sévir à la campagne, comme en 2003.
- La diversité des ressources nectarifères et pollinifères. Ces ressources ne sont jamais présentes en très grande quantité (sauf peut-être grâce aux tilleuls), mais elles sont très diversifiées et constamment renouvelées en cours de saison.
- Les jardiniers des espaces publics, ainsi que les habitants dans leurs petits jardins, n'ayant pas d'impératifs de rendement, utilisent moins d'engrais et ont beaucoup moins recours aux traitements phytosanitaires.

NEUTRE OU OUVRIÈRE

Sentinelle de l'environnement

L'opinion publique ainsi que certains décideurs politiques et économiques prennent conscience des enjeux environnementaux. Pratiquer l'apiculture en ville restera toujours, à nos yeux, anecdotique. En effet, l'abeille n'est pas un insecte anodin, il faut savoir le conduire dans le respect du voisinage. Il nous paraît impensable de voir s'installer en ville de grands ruchers de production. L'intérêt de l'abeille citadine n'est pas de produire de grandes quantités de miel. L'abeille, sentinelle de l'environnement, contribue à nous alerter sur les dangers engendrés par les mutations socio-économiques.

Dans la peau de l'apiculteur

Être apiculteur, c'est d'abord aimer la nature. S'occuper des abeilles, c'est s'intéresser à la météorologie, car leur activité est très différente selon qu'il fait quelques degrés de plus ou de moins que la veille. C'est aussi observer leur comportement à la sortie de la ruche, puis tout au long de la journée. C'est encore être curieux pour comprendre leur vie en société.

L'apprenti apiculteur a une âme de dompteur… L'abeille est loin d'être une bête féroce, mais il lui arrive de piquer. Cohabiter avec l'abeille exige du sang-froid, une bonne maîtrise de soi. Si certains incidents classiques peuvent être aisément maîtrisés, l'abeille sait aussi surprendre : le bon apiculteur saura trouver une solution avec calme, même si ce doit être le repli. Savoir arrêter son intervention à temps est essentiel, surtout en apiculture urbaine.

DEVENIR APICULTEUR PAS À PAS

Pendant longtemps, les personnes intéressées par l'apiculture avaient des parents ou, plus généralement, des grands-parents propriétaires de ruches. Elles souhaitaient préparer leur retraite et leur « retour au pays » en se formant à des activités rurales susceptibles d'améliorer leurs revenus. Ces préretraités sont toujours présents dans les cours d'initiation, mais de nouveaux passionnés les rejoignent, plus jeunes. L'abeille, médiatisée, suscite une curiosité et un intérêt croissants.

1. Connaître les règles

L'abeille n'est pas un insecte facile à côtoyer. Indifférente à la présence humaine dans ses zones de butinage, elle peut devenir plus agressive près de son habitat : elle a une maison à défendre, des provisions et une progéniture à protéger. Que feriez-vous à sa place ?

On ne possède pas des abeilles comme un canari dans une cage. Une réglementation spécifique existe. Ce sont les articles 211-6 et 211-7 du Code rural qui définissent les principes de base d'implantation d'une ou de plusieurs ruches en précisant, en particulier, les distances à respecter entre les ruches et les propriétés voisines ou la voie publique. Ces distances peuvent être modifiées par des arrêtés préfectoraux ou municipaux. (Par exemple, dans la Loire, les ruches peuvent être implantées à 15 m d'une propriété voisine et à 20 m de la voie publique.) Il conviendra donc de vous renseigner auprès de votre préfecture, voire auprès de votre mairie. Ces distances peuvent être abolies en fonction d'éléments précis, telle la présence de murs ou de haies vives. Elles peuvent être augmentées si dans le voisinage se trouvent certains établissements publics, comme une école.

2. Déclarer son rucher

La création d'un rucher doit être déclarée en préfecture. Cette déclaration obligatoire se fait auprès de la Direction départementale des services vétérinaires (DDSV) du département de votre domicile principal. Vous détenez des ruches à Perpignan, mais vous habitez Paris ? Votre déclaration sera adressée à la

DDSV de Paris. Les services vétérinaires transmettent l'information afin que le suivi sanitaire puisse être effectué dans le département où est installé le rucher.
Pour votre première déclaration, demandez à la préfecture les coordonnées de votre DDSV. Il vous sera envoyé un formulaire à remplir et à retourner. Parallèlement, il vous sera attribué un numéro d'apiculteur. Il y a peu de temps encore, cette déclaration était à renouveler tous les ans ; actuellement, elle n'est à réactualiser qu'en cas de modification notable du nombre de ruches ou d'implantation de ruchers.

3. S'assurer

La détention d'abeilles présente un risque pour le voisinage du rucher. Il ne faut pas le négliger et il convient d'être assuré.

L'assurance minimale à souscrire est une responsabilité civile. Deux solutions :

- Vous contactez votre assureur personnel qui vous consentira certainement une extension de garantie sur votre contrat multirisque habitation.
- Il n'est pas conseillé d'être totalement isolé pour débuter en apiculture : les avis techniques sont les bienvenus. Vous avez tout intérêt à vous rapprocher d'un groupement (syndicat, association, etc.) auprès duquel vous trouverez conseil et qui vous permettra, dans la majorité des cas, de souscrire une assurance pour une cotisation modérée.

Quelle que soit la solution retenue, soyez assuré.

4. Tenir un registre d'élevage

Si vous implantez des ruchers pour en commercialiser les produits, même en faibles quantités, vous devrez tenir un registre destiné à assurer leur traçabilité. Si vous vous en tenez à une production pour une consommation strictement familiale, la tenue de ce registre n'est pas nécessaire. Toutefois, il est utile d'avoir un suivi écrit des opérations réalisées tout au long de l'année.

Voir aussi le calendrier de l'apiculteur, p. 86.

Histoire de l'apiculture

– 60 millions d'années

Il est traditionnel de faire remonter l'abeille à la découverte de restes fossilisés dans l'ambre de la Baltique. D'autres fossiles, toujours figés dans l'ambre, mais trouvés plus récemment en Birmanie, pourraient remonter à une centaine de millions d'années.

12 000 ans avant J.-C.

Le plus ancien témoignage connu de la relation entre l'homme et l'abeille se trouve en Espagne, dans la région de Valence, sur les parois de la grotte de l'Araignée. Une peinture pariétale, représentant des animaux et des scènes de chasse, montre aussi une cueillette de rayons de miel.

Antiquité égyptienne

2400 av. J.-C. Mention du miel et de la cire est faite sur un grand rouleau de papyrus égyptien.

1450 av. J.-C. La récolte du miel est illustrée sur une peinture murale découverte dans une tombe, près de Louxor. Au-delà de l'usage alimentaire, certains produits de la ruche, cire et propolis, étaient à la base des techniques de momification.

Antiquité grecque et romaine

De grands auteurs grecs et latins s'intéressent à l'apiculture : Aristote, Columelle, Pline l'Ancien, Virgile (dans *Les Géorgiques*), notamment.

Moyen Âge

Dès la moitié du premier millénaire, des textes font référence à l'abeille. Ce sont plutôt des traités de zoologie que d'apiculture. Il faut attendre le XIIIe siècle pour découvrir des notions de conduite apicole destinée à des usages religieux (cire à bougie), culinaires ou pharmaceutiques.

Abeille mythique

Toutes les civilisations ont fait une large place à l'abeille, de l'Inde à la Scandinavie. La naissance des abeilles est un thème récurrent ; les Grecs et les Latins imaginaient que les abeilles sortaient des cadavres d'animaux. Ainsi la légende d'Aristée raconte-t-elle comment le fils du dieu Apollon, après avoir perdu toutes ses abeilles, immola quatre taureaux et quatre génisses pour obtenir la bonne grâce des dieux. Quelques jours plus tard, il vit sortir des abeilles des entrailles des bêtes sacrifiées.

XVIIe SIÈCLE

Le microscope apparaît au tournant du XVIIe siècle. En 1625, Federigo Cesi et Francesco Stelluti publient un mémoire : l'*Apiarium*. Ce recueil de planches traite de l'abeille avec une remarquable précision (grossissement de vingt fois).
L'un des premiers chercheurs sur l'abeille, le Hollandais Schwammerdam (1637-1680), étudie l'anatomie de l'insecte grâce à des verres grossissants. Il perçoit des différences sexuelles entre les trois occupants de la ruche et introduit la notion de reine, ou mère.

XVIIIe SIÈCLE

René Antoine Ferchaud de Réaumur (1683-1757), physicien, métallurgiste, biologiste, est l'un des fondateurs de l'entomologie moderne. Observateur, il affine la description de l'anatomie externe de l'abeille. Janscha (1734-1776) précisera ensuite le processus d'accouplement de la reine.

XIXe SIÈCLE

François Huber (1750-1831) crée une ruche à feuillets permettant l'observation cadre par cadre tout en laissant l'abeille vivre normalement. Aveugle, il fait exécuter ses expérimentations par son assistant Burnens.

XXe SIÈCLE

Les travaux de Karl von Frisch et de son équipe sur les danses des abeilles (voir p. 39), ainsi que la découverte des phéromones par Janine Pain (voir p. 38) sont essentiels. Le XXe siècle voit aussi se développer la sélection génétique des abeilles (voir p. 29).

Et le XXIe siècle ?

L'abeille apprend très vite et ses neurones réagissent presque comme ceux de l'homme. Aussi la recherche s'oriente-t-elle vers des pôles aussi variés que la détection des explosifs et des stupéfiants, ou le domaine médical de la neurobiologie moléculaire.

Traités d'agriculture

Sur une période de deux siècles environ, trois auteurs marqueront de leur savoir la littérature agricole : Pierre de Crescent (vers 1305), Charles Estienne (1564) et Olivier de Serres (1600). Leurs traités d'agriculture, intégrant des données propres à l'apiculture, furent les premiers à voir le jour en France.

1

Encyclopédie Hachette des connaissances agricoles

La vie des abeilles

Les espèces d'abeilles

*Probablement originaire d'Asie, l'*Apis mellifera *a été « domestiquée » par l'homme dès que celui-ci a acquis un mode de vie sédentaire. En 1758, Linné publie la première description de l'abeille et la baptise* Apis mellifera *(du latin* mel, mellis, *« miel » et* ferre, *« porter ») : l'abeille porteuse de miel. En 1761, il la renomme* Apis mellifica, *faiseuse de miel. Une dénomination bien plus juste, mais qui ne fut pas retenue par les scientifiques en raison de la règle d'antériorité.*

À savoir

Existe-t-il d'autres insectes domestiqués par l'homme ? De fait, l'abeille partage avec le seul ver à soie (chenille du bombyx du mûrier) cette relation unique et ancestrale avec la société humaine.

L'ordre des hyménoptères

Aussi étonnant que cela puisse paraître, l'abeille appartient au même ordre que la fourmi : les hyménoptères, d'un mot grec signifiant « ailes membraneuses ». De manière sans doute plus évidente, la guêpe en fait aussi partie. Un point commun est particulièrement aisé à identifier, pourtant : le corps partagé en trois segments. Autre spécificité, l'organisation en société hiérarchisée, avec des castes : des mâles, des femelles, des ouvrières et, chez les fourmis, des soldats bien reconnaissables à leurs mandibules en forme de pince. L'ordre des hyménoptères est très bien représenté dans la nature puisqu'il comprend le plus grand nombre d'espèces après celui des coléoptères.

Un berceau au Moyen-Orient

L'abeille domestique (*Apis mellifera*) nous est familière. Cependant, elle ne trouve pas ses origines en Europe, mais certainement au Moyen-Orient. L'Inde connaît par ailleurs d'autres espèces, comme *Apis dorsata*, *Apis florea* ou encore *Apis indica*.

Au cours des millénaires, *Apis mellifera* s'est adaptée à son environnement géographique, climatologique et floral. Sont apparues ainsi un certain nombre de races ou sous-espèces dont les plus connues sont *mellifera mellifera*, *mellifera ligustica*, l'italienne, *mellifera carnica*, l'autrichienne et un peu plus loin vers l'est, *mellifera caucasica*.

Quelle abeille pour quelle ruche ?

En fonction des zones géographiques se sont développés des écotypes liés non seulement aux conditions climatiques, mais aussi aux cycles de l'environnement floral. L'abeille des landes voit ainsi son cycle de développement annuel fortement influencé par l'apport nectarifère de la bruyère, dont la floraison est tardive. Devant cette extrême diversité, comment choisir ses abeilles lors de la création d'un premier rucher ?

Une règle incontournable : donnez la préférence aux abeilles locales. Vous serez sûr qu'elles sont habituées à l'écosystème environnant : flore et climatologie. Évitez d'introduire des abeilles franciliennes en Haute-Savoie ou des colonies niçoises sur les plateaux du Jura. Elles s'adapteront peut-être, mais ce sera au détriment du développement de la ruche, au moins la première année.

Taxinomie des abeilles à miel les plus domestiquées

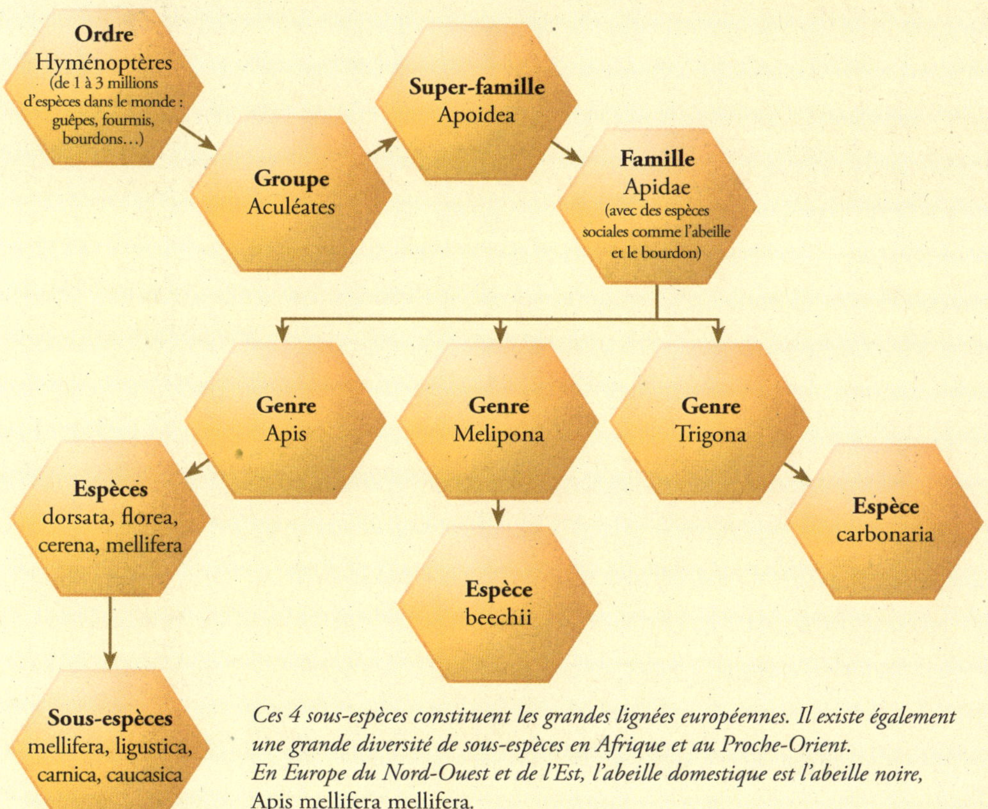

Ces 4 sous-espèces constituent les grandes lignées européennes. Il existe également une grande diversité de sous-espèces en Afrique et au Proche-Orient.
En Europe du Nord-Ouest et de l'Est, l'abeille domestique est l'abeille noire, Apis mellifera mellifera.

Trigona carbonaria
(Australie)

Melipona beechii
(Amérique tropicale)

Apis florea
Abeille naine (Asie)

Apis cerana
Abeille d'Orient (Asie)

Apis mellifera
Abeille domestique (Monde)

Apis dorsata
Abeille géante (Asie)

Apis mellifera carnica
Abeille carnolienne

Apis mellifera causasica
Abeille caucasienne

Apis mellifera mellifera
Abeille noire

Apis mellifera ligustica
Abeille italienne

La colonie

La vie en société des abeilles a beaucoup intéressé les chercheurs, à commencer par le chimiste et physicien français Réaumur et le Suisse François Huber, aux XVIIIe et XIXe siècles, qui ont identifié les fonctions de chaque individu. Car c'est une organisation exemplaire des tâches entre la reine, les ouvrières et les mâles qui s'établit au sein de la colonie.

Apis mellifera
(Reine)

MADAME MÈRE, LA REINE

C'est la mère pondeuse, l'âme de la ruche. Il en existe une seule par colonie. Un peu plus grande qu'une ouvrière, elle se distingue par son abdomen très long, de teinte souvent plus fauve. Elle ne pique pas l'homme. Résidant dans la ruche, elle n'en sort que pour être fécondée (voir p. 28) ou lors de l'essaimage (voir p. 36). La reine a des centaines de milliers d'enfants au cours de ses trois, quatre ou cinq ans de vie. Les ouvrières génèrent un élevage de cellules royales afin d'assurer son remplacement naturel. C'est ce qu'on appelle la supercédure. Une jeune reine vierge chante à sa naissance. Peut-être pour affirmer sa venue au monde. Sûrement pour savoir si des concurrentes éventuelles lui répondent. Ce chant est une modulation plus ou moins stridente, pouvant durer quelques secondes et être répétée pendant des heures.

Apis mellifera
(Mâle)

MONSIEUR

Le mâle, puissant et trapu, a de très beaux yeux ! Sans lui pas d'enfants, quoique… Il n'a pas d'aiguillon et ne pique donc pas. En saison (mars et juillet-août), les mâles peuvent être au nombre de 500, 1 000 ou 2 000. Ils bourdonnent autour de la ruche tels des bourdons, d'où leur nom de faux-bourdons. Après l'essaimage et lors de la fin de la saison apicole, en juillet et août, les mâles, dont la fonction essentielle est la fécondation, sont considérés comme des bouches inutiles et expulsés de la ruche. Les plus tenaces seront purement et simplement tués par piqûre.

Apis mellifera
(Ouvrière)

MADEMOISELLE L'OUVRIÈRE

C'est elle que nous voyons sur les fleurs. Elle fait tout dans la ruche, sauf les enfants, car ce sont des femelles incomplètes (voir p. 33). Elle se tue au travail et son espérance de vie en été ne va guère au-delà de quarante jours. Les ouvrières naissantes sont plus claires car la pigmentation des poils et de la chitine n'est pas complète. Elles sont plus brunes en vieillissant, d'autant plus qu'une partie des poils ayant disparu, la luisance de la chitine brune accentue cet assombrissement. En saison, les ouvrières peuvent être au nombre de 40, 50 ou 60 000. (Voir aussi « L'ouvrière au jour le jour », p. 34.)

Anatomie de l'abeille

L'abeille (famille des apidés) et la guêpe (famille des vespidés) ont en commun des ailes membraneuses, un thorax finement rattaché à l'abdomen et un appareil buccal très développé. Cependant, la comparaison s'arrête là : l'abeille étant velue et pourvue sur les pattes postérieures d'organes servant à récolter le pollen.

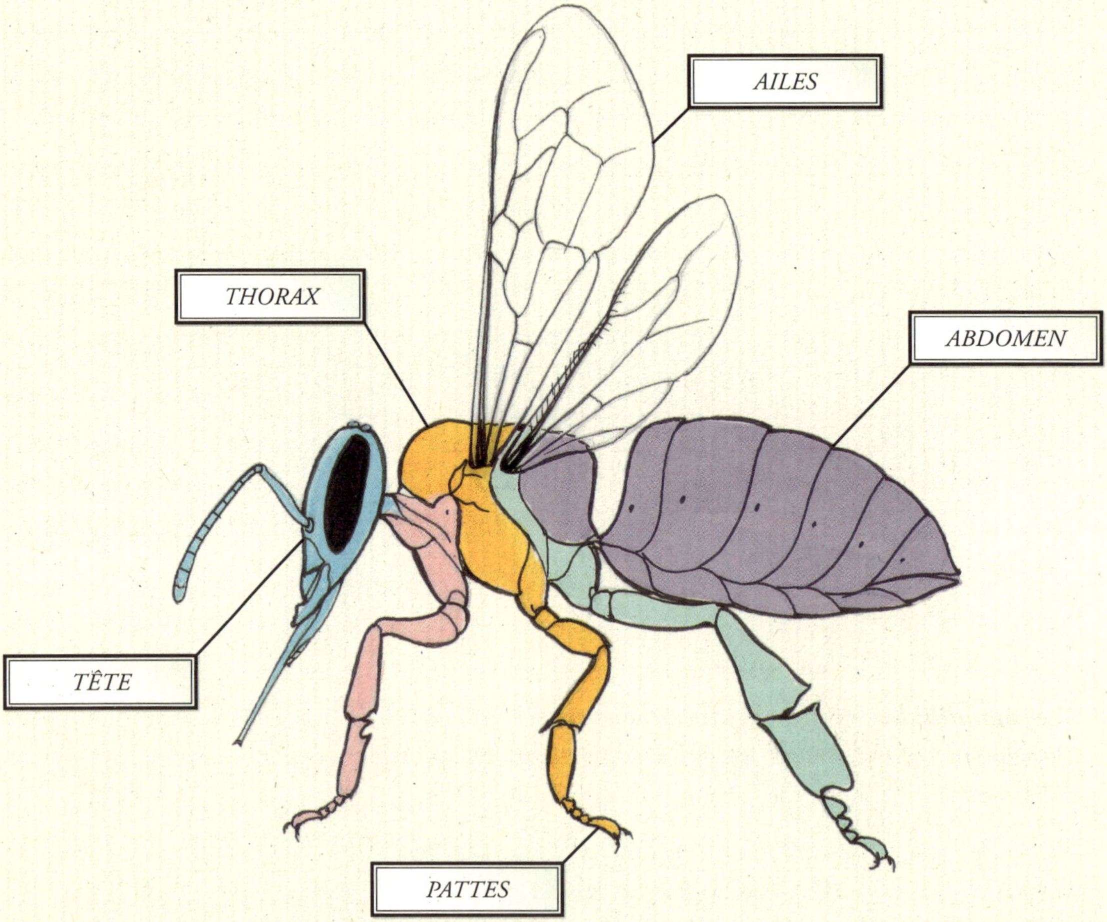

LA TÊTE

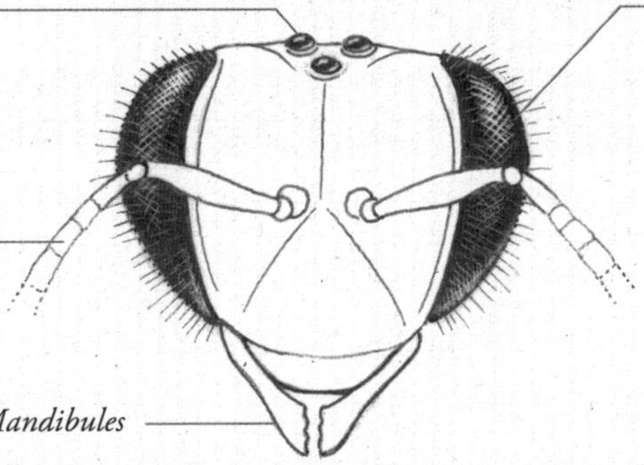

Les yeux

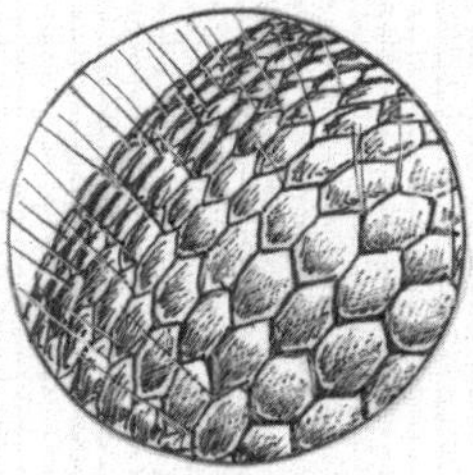

1/ Les ***ocelles*** sont des yeux simples jouant essentiellement le rôle de cellule photoélectrique analysant les variations d'intensité lumineuse.
2/ Les ***yeux composés*** ont entre 4 000 et 5 000 facettes, ou ommatidies. Le champ de vision couvre 360 °, mais l'acuité est réduite à 1,25 % de celle de l'œil humain. L'abeille ne perçoit pas le rouge, mais étend ses possibilités visuelles dans l'ultraviolet.

Les antennes

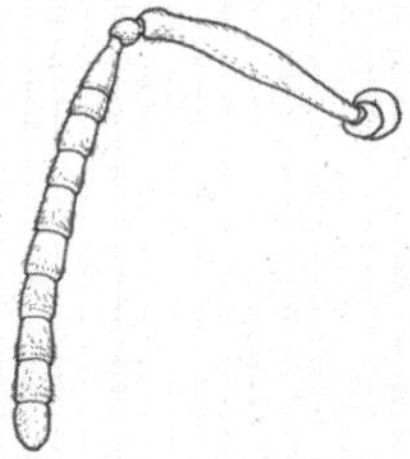

Elles constituent l'organe sensoriel majeur de l'abeille. Chaque antenne est constituée de trois segments : le ***scape*** qui assure la liaison avec la tête, le ***pédicelle***, sorte d'articulation en forme de coude, le ***flagelle***, élément terminal très mobile. Recouvertes de capteurs sensoriels différents, les antennes renseignent l'abeille aux niveaux olfactif, gustatif, auditif, et lui donnent la notion de temps.

La bouche

Les ***mandibules*** : gouges courtes et puissantes.
Les ***maxilles*** et ***palpes labiaux***, qui guident un organe souple et rétractable, la ***langue***, elle-même terminée par un ***cuilleron***. La langue, de longueur variable selon les espèces, permet l'aspiration de tous les liquides-nectar, miellat, miel – eau et les échanges d'abeille à abeille.

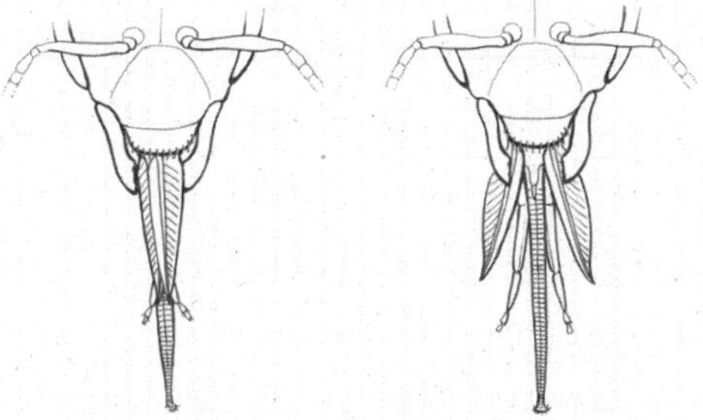

Langue pliée *Langue ouverte*

LE THORAX

Appelé aussi corselet, c'est la partie médiane de l'abeille, celle à laquelle se rattachent les éléments moteurs.

Les pattes

En dehors de la locomotion assurée par l'ensemble des pattes, grâce aux griffes terminales sur les surfaces rugueuses et aux ventouses adhésives sur les surfaces lisses, les paires de pattes ont des fonctions différentes.

Patte postérieure avec brosse sur la face intérieure

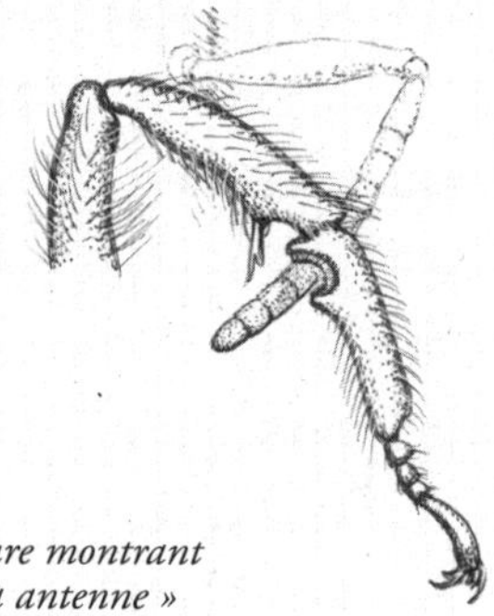

Pattes antérieure montrant un « peigne à antenne »

Les ***six pattes*** jouent un rôle important dans la collecte du pollen. (Voir p. 48.)
Les pattes antérieures sont munies de brosses permettant d'enlever les grains de pollen fixés sur la tête de la butineuse. Elles possèdent également une encoche spécifique – le peigne à antenne – grâce à laquelle l'abeille pourra débarrasser ses antennes des grains de pollen et autres poussières. Les pattes moyennes vont jouer le même rôle de brossage au niveau du thorax et de l'abdomen. De plus, elles transmettent les matériaux des pattes avant vers les postérieures. Ces dernières sont les plus spécialisées pour le transport du pollen grâce à leur corbeille.

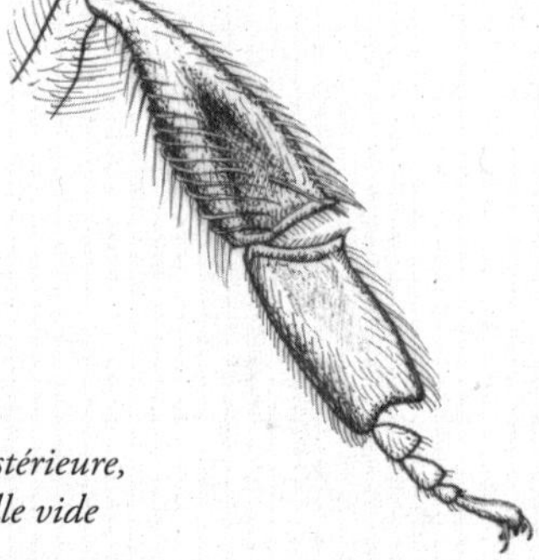

Patte postérieure, corbeille vide

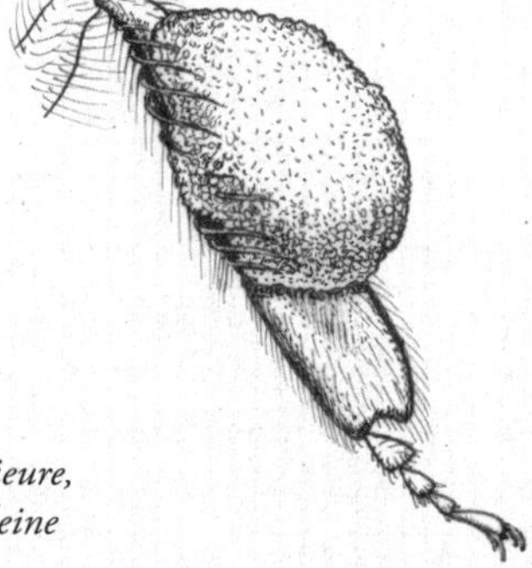

Patte postérieure, corbeille pleine

LES AILES

Les ***ailes*** antérieures sont un peu plus grandes que les postérieures. Repliées et indépendantes au repos, elles sont réunies pendant le vol par une série de petits crochets. Cette liaison a pour effet premier de stabiliser le vol de l'insecte.

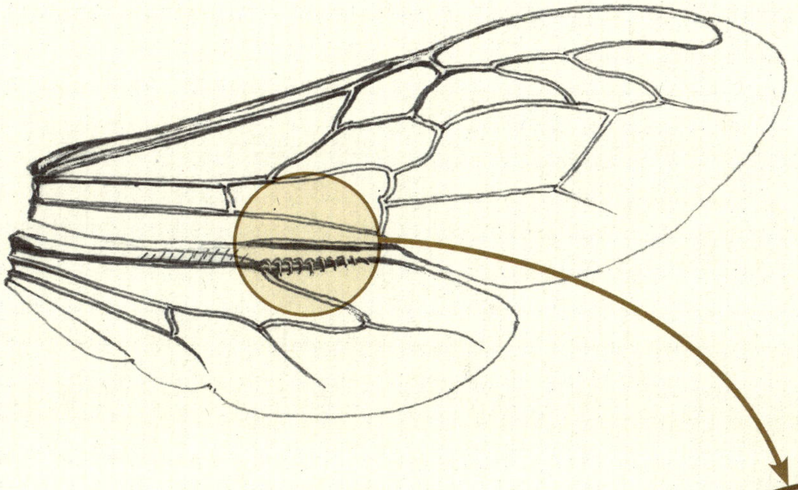

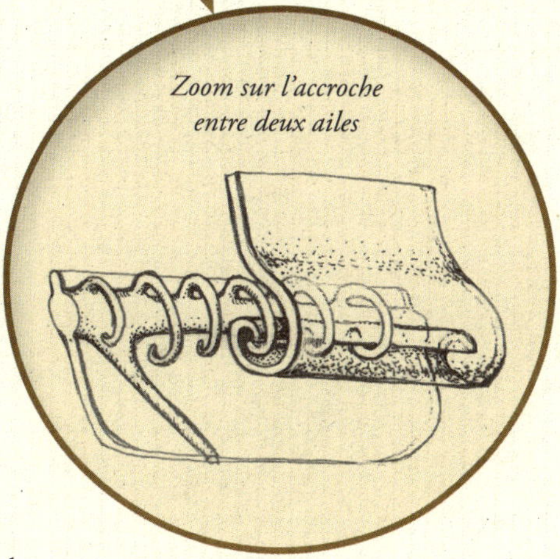

Zoom sur l'accroche entre deux ailes

Ces ailes membraneuses et nervurées sont animées par de puissants muscles thoraciques dont les contractions permettent des battements très rapides : plusieurs centaines par minute. L'abeille vole communément à 20 ou 30 km par heure. En cas de nécessité, elle atteindrait entre 50 et 60 km par heure. Pour animer cette batterie de muscles, elle consomme les sucres du miel ou du nectar qu'elle stocke dans son tube digestif, au niveau du jabot.

Le rapport entre deux longueurs mesurées au niveau de certaines cellules dessinées par des nervures sur les ailes antérieures est différent selon les sous-espèces de *mellifera*. Ce rapport, appelé « indice cubital », donne une indication assez précise quant à l'appartenance de l'abeille à telle ou telle sous-espèce.

L'ABDOMEN

Il comporte un premier segment attaché au thorax suivi de six segments individualisés. Comme tout le corps de l'abeille, ces segments sont recouverts de plaques rigides de chitine : les tergites sur le dos et les sternites côté ventral. Des liaisons par membranes souples permettent les mouvements.

La coloration va du jaune au brun plus ou moins foncé. C'est un caractère spécifique qui aide à différencier les espèces. À la partie postérieure de l'abdomen se trouve, chez les femelles, l'appareil vulnérant qui leur permet de piquer pour se défendre. Chez le mâle, l'appareil vulnérant n'existe pas, il est remplacé par l'appareil de copulation.

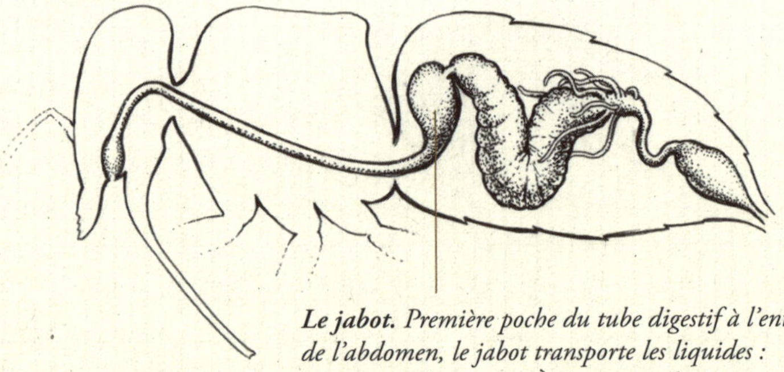

***Le jabot.** Première poche du tube digestif à l'entrée de l'abdomen, le jabot transporte les liquides : nectar, miellat et eau. À ce niveau, il ne se passe aucune digestion.*

Comment fonctionne l'abeille ?

Un peu à l'image de l'homme, l'abeille possède un système nerveux, circulatoire et respiratoire. Elle n'a pas de cerveau à proprement parler, mais des ganglions au niveau de la tête qui reçoivent les informations transmises par trois capteurs : les antennes, les yeux composés et les ocelles. Dépourvus de vaisseaux et de capillaires, les organes baignent directement dans l'hémolymphe, liquide que l'on peut assimiler à notre sang, mais qui n'est pas pigmenté. Autre élément important : le corps gras ou corps adipeux permet aux abeilles d'hiver de se constituer des réserves afin de passer la mauvaise saison.

LES GLANDES

Tant au niveau de la tête que du corps, l'abeille possède un certain nombre de glandes qui lui permettent de sécréter des substances spécifiques. Dans la tête, les glandes hypopharyngiennes et mandibulaires produisent la gelée royale, des enzymes comme l'invertase ou des substances chimiques, appelées phéromones, qui jouent un rôlc fondamental dans la régulation de la vie d'une colonie (voir p. 38). Ces sécrétions peuvent varier avec l'âge de l'abeille.

À la partie ventrale de l'abdomen débouchent des glandes très importantes : les glandes cirières. Elles sécrètent de minuscules écailles de cire (moins de 1 mg) que l'abeille recueille, triture et façonne pour construire toute l'architecture de ses logis : les alvéoles formant les rayons de cire. Les glandes cirières sont plus actives chez les abeilles âgées de 12 à 18 jours. Toutefois, si le besoin s'en fait sentir, des ouvrières plus âgées peuvent réactiver leurs glandes cirières. Les abeilles consomment beaucoup de miel pour assurer cette production : de 7 à 8 kg de miel pour produire 1 kg de cire. (Voir p. 72.)

À la partie postérieure de l'abdomen, la glande de Nasanov sécrète une phéromone de regroupement. (Voir encadré p. 38.)

Le venin

Le sac à venin est la plus grande glande de l'ouvrière. La glande acide où est élaboré le venin débouche directement dans le sac à venin où ce dernier est stocké. Lors de la piqûre, des contractions poussent le venin hors du sac, vers le dard. Sur ce canal débouche la glande alcaline. Il est admis que sa sécrétion constituerait un lubrifiant du dard. Ces deux glandes petites et filiformes sont accolées au sac (ou réservoir) à venin.

GLANDE À VENIN

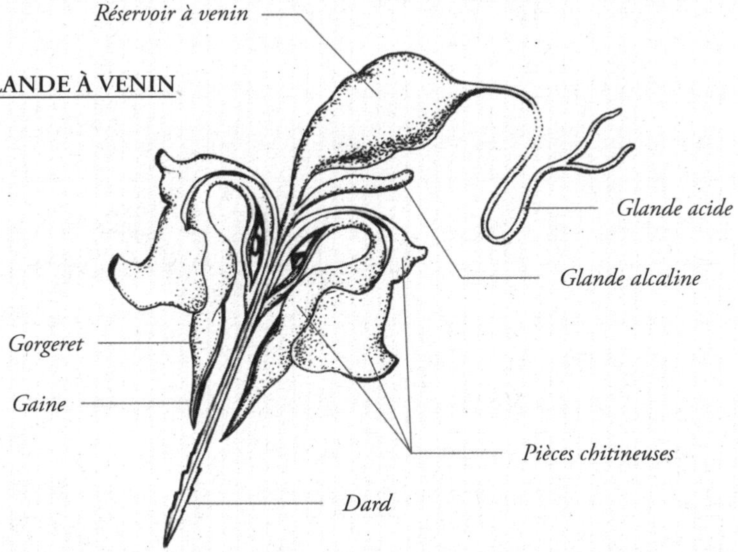

Naissances et castes

En disséquant des abeilles, Jan Swammerdam, naturaliste hollandais du XVIIe siècle, observe que celles-ci possèdent des genres sexuels différents. Il découvre ainsi l'existence d'une mère, la reine. De ces différenciations sexuelles découlent les différentes castes de la colonie et la destinée de chaque individu dans la ruche.

La construction du « nid »

Tout se passe dans les rayons de cire construits par les ouvrières lors de l'installation de la colonie. Ces cirières sécrètent la cire (voir p. 72) et bâtissent ainsi des rayons, de haut en bas, en les espaçant de quelque 8 mm. Chaque rayon a une trentaine de millimètres d'épaisseur. C'est dans ce « nid » que la reproduction se réalise et que le miel est produit.

La reine omnipotente

La reine est le seul élément femelle complet de la ruche en mesure de pondre des œufs fécondés susceptibles d'engendrer de nouvelles abeilles. Elle se singularise par un développement très important de ses ovaires. La plus grande partie de son abdomen est remplie par l'appareil de reproduction.
Autre particularité fondamentale, la présence d'une poche, la spermathèque, dans laquelle survivent pendant des années plusieurs millions de spermatozoïdes engrangés lors des fécondations qui ont eu lieu dans les premiers jours de sa vie d'insecte adulte.

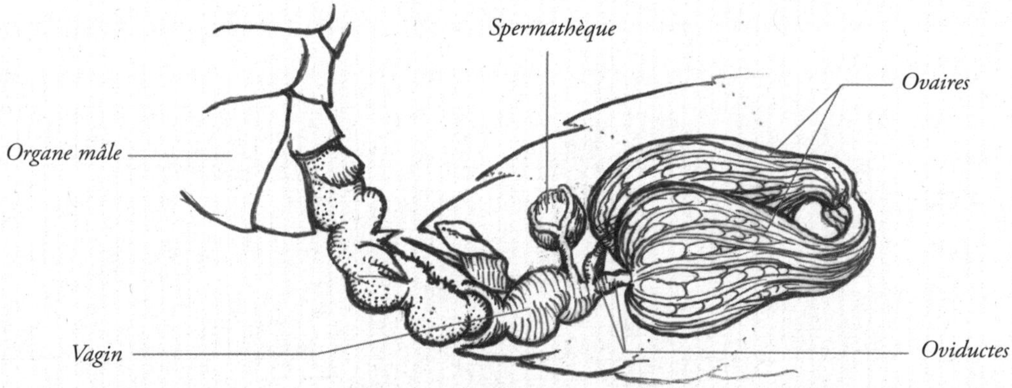

ORGANE GÉNITAL DE LA REINE

Sortant de l'un des deux ovaires, l'œuf suit un canal, l'oviducte, et passe devant la spermathèque. Il est alors fécondé ou non par des spermatozoïdes issus de cette poche, puis il arrive dans le vagin et sera ensuite déposé par la reine dans un alvéole. En saison (mai ou juin), la reine peut ainsi pondre jusqu'à 2 000 œufs par jour : c'est plus que son propre poids.

Le mâle joue le petit rôle

Lors de la fécondation, le sperme du mâle est introduit dans les voies génitales de la reine par l'intermédiaire de l'organe copulateur : l'endophallus. La reine sera fécondée par plusieurs mâles (jusqu'à vingt et plus selon de récentes études ADN), rencontrés en une ou plusieurs sorties très rapprochées. Ces fécondations auront lieu une seule fois dans sa vie, elles ne seront jamais renouvelées. La reine peut ainsi recevoir 100 millions de spermatozoïdes. Entre 5 à 6 millions survivent dans la spermathèque. Dans l'aventure, le mâle perd son endophallus qui reste dans les voies génitales de la reine ; il meurt peu après.

Les fécondations se font en vol, hors du rucher dont les reines vierges sont issues, sur des zones de rassemblement de mâles provenant de toute la région. Ces grandes concentrations de mâles favorisent la sélection naturelle et l'extrême diversité des apports de semences mâles évite les problèmes de consanguinité.

La sélection génétique

Technique intéressante et facile à mettre en œuvre sur des mammifères, la sélection est bien difficile sur les abeilles. Les jeunes reines vierges ne sont pas fécondées dans leur ruche. Que faire ? Enfermer la reine vierge dans une cage ? Lui présenter des prétendants sélectionnés ? Rien n'y fera puisque la fécondation n'aura lieu qu'en vol, en totale liberté. Il faut donc forcer la reine. C'est la technique de l'insémination artificielle ou instrumentale.

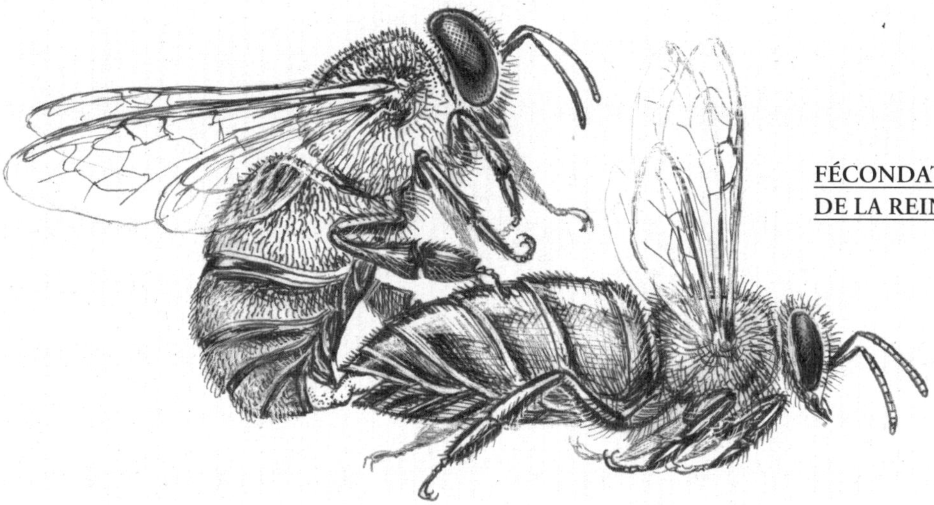

FÉCONDATION EN VOL DE LA REINE

Mâles ou femelles ?

Les ovules issus des ovaires de la reine sont tous identiques, mais à la sortie de l'oviducte, ou lors des jours suivants, les œufs ont des destinées différentes.

Dans un premier cas, passant devant le débouché de la spermathèque, l'ovule reçoit des spermatozoïdes : il est donc fécondé. L'insecte naissant à l'issue du développement larvaire et nymphal est de sexe femelle. Il a reçu les apports génétiques du père et de la mère.

Dans un second cas, lors de sa migration hors des voies génitales de la reine, l'ovule n'est pas fécondé. Il est parfaitement viable, mais il ne donne naissance qu'à un individu mâle. Les mâles reçoivent uniquement l'apport génétique de la mère : génétiquement, ils n'ont pas de père.

Ce mode de développement avec transmission génétique partielle (les chromosomes de la mère, mais pas ceux du père) est appelé parthénogénèse. Il fut mis en évidence au XIXe siècle par l'Allemand Johannes Dzierzon.

Reines ou ouvrières ?

La reine est programmée pour déposer ses œufs fécondés dans des cellules disposées pratiquement à l'horizontale, de chaque côté de l'âme centrale du rayon. Les cellules destinées à donner des ouvrières sont plus petites. Celles destinées à l'élevage de reines sont moins nombreuses (de quelques unités à une dizaine), bien plus grandes, en forme de gland et situées verticalement à l'extérieur des constructions de cire. La reine place ses œufs non fécondés dans les cellules de taille intermédiaire qui permettront le développement des mâles.

Ces choix font partie des mystères entourant la vie de l'abeille, et diverses explications sont proposées. Les cellules d'ouvrières peuvent être transformées en cellules royales s'il convient de parer au plus pressé après la mort accidentelle de la reine : les larves sont alors élevées comme des reines.

La vie du couvain

L'ensemble des œufs de la reine forme le couvain. L'embryon va se développer dans ce nid jusqu'à la naissance de l'insecte adulte. Il vit sur les réserves de l'œuf. Bâtonnet blanc nacré, légèrement incurvé, cet œuf mesure 1,5 mm de long sur 0,5 de large et pèse 0,13 mg. Son enveloppe est le ***chorion***. D'abord perpendiculaire au fond de l'alvéole lors de la ponte, il s'incline peu à peu jusqu'à être couché.

Après trois jours, une larve éclôt. Elle est identique dans les trois types de cellules. Elle ressemble à un asticot blanc, incurvé, immobile. Puis, elle se déplace très lentement et absorbe la nourriture constamment distribuée par les jeunes ouvrières nourrices.

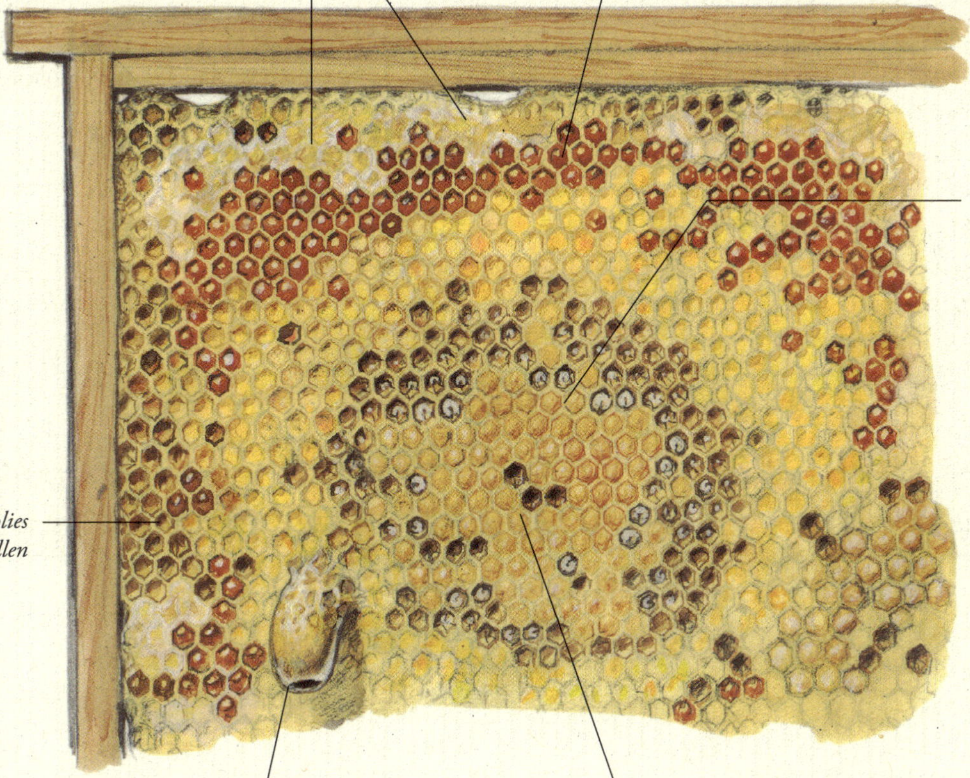

NID D'ABEILLE

Le nid des abeilles est méticuleusement construit. Les ouvrières commencent leur construction à la partie supérieure du châssis, en excrétant de la cire à tour de rôle. Dans les rayons ainsi bâtis, elles façonnent ensuite des cellules hexagonales sur les deux faces. Entre les rayons, elles ménagent juste l'espace suffisant à leur passage. L'espace est compté !

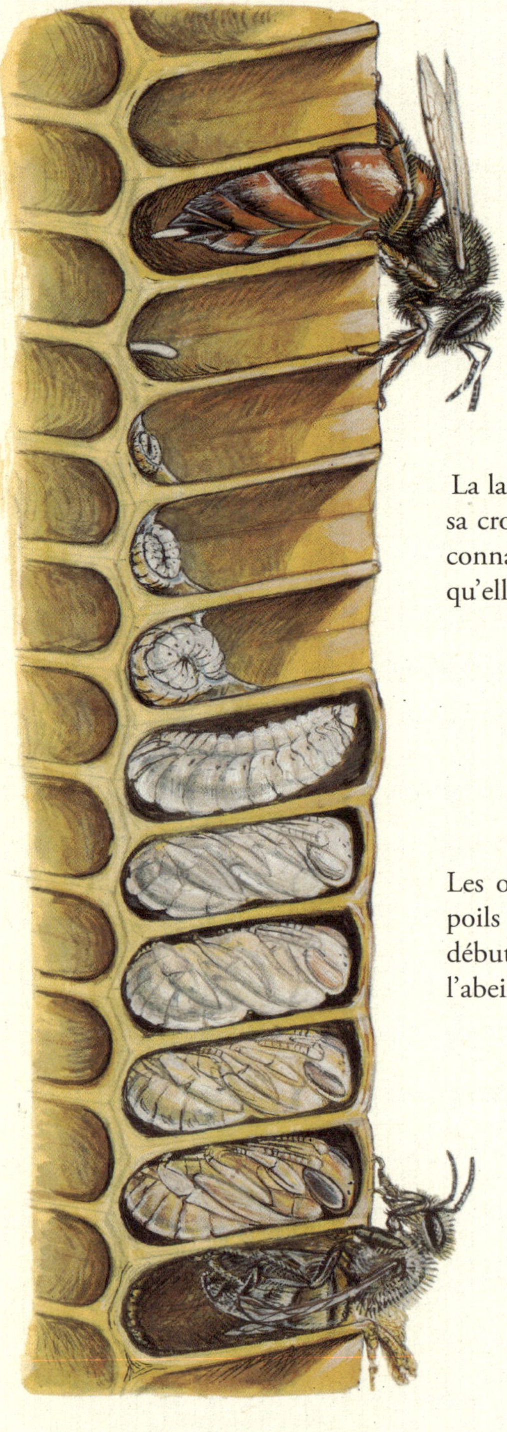

Au cours des trois premiers jours, toutes les larves (ouvrières, mâles et reines) reçoivent exclusivement de la gelée royale sécrétée par les glandes des jeunes abeilles. Le poids de la larve est multiplié par dix le premier jour, cent le second et mille le troisième. Les nourrices visitent le couvain toutes les trois minutes environ. Ce couvain est maintenu autour de 35 °C par les adultes. Après le troisième jour, la nourriture varie selon la caste.

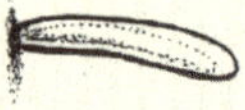

La larve subit cinq mues ou changements de peau. Au terme de sa croissance, elle s'est redressée et occupe toute la cellule. Elle connaît une dernière mue, puis s'entoure d'un cocon de soie qu'elle file par la bouche.

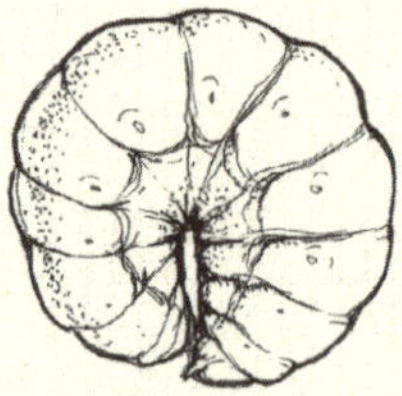

Les ouvrières ferment l'alvéole par un opercule poreux : cire, poils et pollen. Il n'y a plus d'alimentation. Dès le lendemain débutent les métamorphoses. Au terme de sa transformation, l'abeille ronge l'opercule et sort.

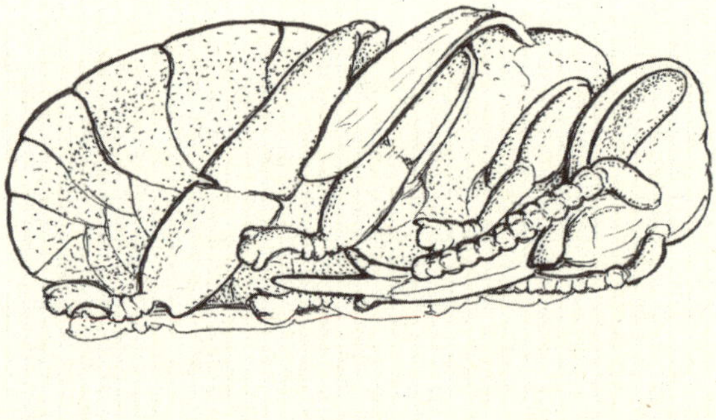

Le cycle de développement

Il est plus ou moins long selon les castes et en fonction des conditions internes et externes de la ruche.

	Développement	Durée de vie
 **Ouvrières**	21 jours (de 20 à 24 jours)	De 45 jours à 5 mois
 **Mâles**	24 jours (jusqu'à 28 jours)	De 4 à 5 mois
 **Reine**	16 jours (de 14,5 à 22 jours)	De 3 à 5 ans

De la gelée « royale » pour les futures reines

Il est admis que la quantité et surtout la qualité de la nourriture donnée à la larve en développement déterminent la caste à laquelle va appartenir le futur adulte : reine aux pleines propriétés de reproduction et à l'espérance de vie très longue, ou bien ouvrière incomplètement développée et vivant de quatre à cinq semaines, au mieux quelques mois en hiver. La gelée royale en serait l'unique responsable.

L'ouvrière au jour le jour

Les ouvrières restent environ vingt jours à l'intérieur de la ruche, puis elles prennent leur envol et vaquent à leurs occupations. Répartition des tâches est le mot d'ordre ; les cirières construisent les rayons, les nourricières alimentent les larves et soignent la reine, les ventileuses battent des ailes à l'entrée de la ruche pour l'aérer et permettent ainsi l'évaporation de l'eau contenue dans le miel, les gardiennes assurent la sécurité sur la planche de vol, les butineuses récoltent.

Les plages d'activité ci-contre sont des données moyennes. Elles correspondent à des modifications progressives des activités physiologiques de l'abeille. Par exemple, une ouvrière ne voit pas ses glandes cirières devenir fonctionnelles avant le treizième ou le quatorzième jour de sa vie. Par ailleurs, cette production de cire est vraiment effective au printemps, quand la colonie s'accroît et qu'il faut des rayons pour loger les récoltes et la ponte de la reine.

À l'automne, quand les récoltes de nectar et de pollen s'amenuisent et que, parallèlement, la ponte de la reine diminue de jour en jour, la production de cire et la fabrication de nouveaux rayons est quasiment nulle. Pourquoi augmenter les pièces du logement puisque la famille diminue ? Et l'apiculteur qui, à la fin de l'été en prévision de la saison prochaine, mettrait des cires gaufrées à bâtir dans les ruches en serait pour ses frais : les cires gaufrées seraient totalement ignorées par les abeilles.

En fonction des besoins, la colonie s'adapte. En cas de forte miellée, par exemple, le bataillon des butineuses augmente considérablement. Dans la ruche, tout semble organisé méthodiquement. Mais la société apiaire dépasse souvent ce concept d'organisation inscrite dans le patrimoine génétique. En effet, à tous moments, des conditions nouvelles (météorologie, floraisons exceptionnelles, interventions de l'apiculteur) vont faire que l'abeille va interpréter, s'adapter. Et tout cela sans retard. Un problème amène presque toujours une réponse immédiate. Un modèle pour nos sociétés humaines ?

De **J1 à J5** : l'abeille nettoie les cellules, régule la température du nid à couvain.

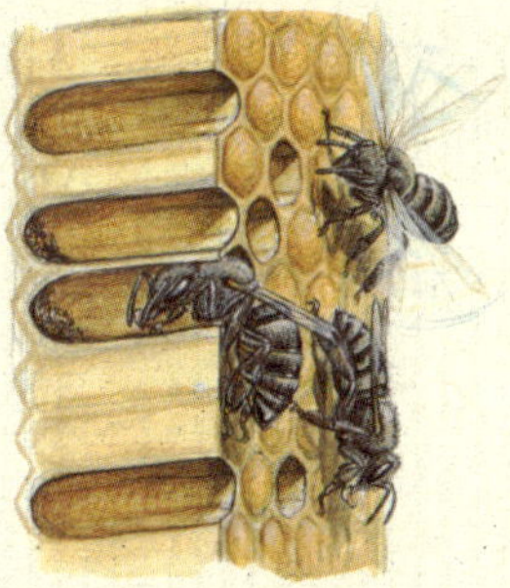

De **J6 à J9** : elle soigne la reine (gelée royale) et les larves (gelée royale et bouillie larvaire).

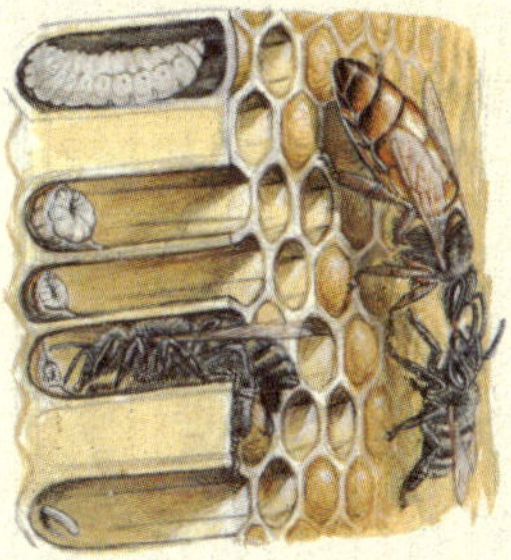

De **J10 à J12** : elle stocke pollen et nectar, et assure l'élimination de l'excès d'eau du nectar.

De **J13 à J18** : elle nettoie la ruche, produit de la cire, construit les rayons et opercule les cellules.

J19 et J20 : elle se montre sur la planche de vol ; gardienne, ventileuse, elle bat le rappel.

3e semaine d'existence : elle commence ses vols d'orientation, de plus en plus éloignés, et devient butineuse.

En été, après 15 jours à 3 semaines de travail aux champs, elle meurt.

L'essaimage

Autre éventualité, correspondant à la division naturelle de l'organisme vivant que constitue une colonie : l'essaimage. La cause la plus évidente d'essaimage est la surpopulation. Tout l'équilibre dans une ruche est régi par un certain nombre de substances chimiques : les phéromones. Si cet équilibre est rompu, les abeilles vont essayer de trouver une parade.

Lorsqu'une colonie devient très populeuse, les phéromones (voir p. 38) émises par la reine atteignent difficilement tous les recoins de la ruche, donc toutes les ouvrières. L'une des principales phéromones royales tend à bloquer la construction de cellules royales. Si sa diffusion n'est plus assurée partout dans la ruche, certaines ouvrières enclenchent un processus d'élevage royal dont le premier acte est la construction de berceaux royaux. Dès lors, un nouvel ordre social s'établit : autour de la date de l'éclosion des jeunes reines, la reine en place et une partie importante des abeilles (50 % environ) s'agitent en tous sens, puis un nuage se forme, des milliers, voire des dizaines de milliers d'abeilles quittent la ruche. C'est l'essaimage.

Leur premier point de fixation est proche : un arbre à quelques mètres de la ruche, un angle de toit, un réverbère. La grappe se forme autour de la reine et attend les informations des éclaireuses parties alentour. L'essaim reste sur ce premier site entre quelques minutes et quelques heures, parfois un jour ou deux. Pendant ce temps, les informations sur un habitat potentiel reviennent. Elles sont distribuées par le système des danses (voir p. 39). Bientôt la même information est rapportée par plusieurs éclaireuses ou bien par l'une d'entre elles, plus persuasive. Brusquement le groupe s'ébroue, le nuage se reforme, s'oriente et fonce vers l'habitat choisi. Tout ce processus est encore mal expliqué.

Bien sûr, cet essaim en quête de logis admet très bien d'être aidé dans sa recherche par un apiculteur si ce dernier sait se conduire en bon propriétaire et proposer un logement approprié et convenable. Si l'essaim n'est pas fixé en haut d'un arbre ou logé dans un endroit inaccessible, comme une cheminée, sa récupération est assez facile et sans danger. Moment inoubliable pour des spectateurs qui sont tout près de penser que l'apiculteur est un véritable dompteur.

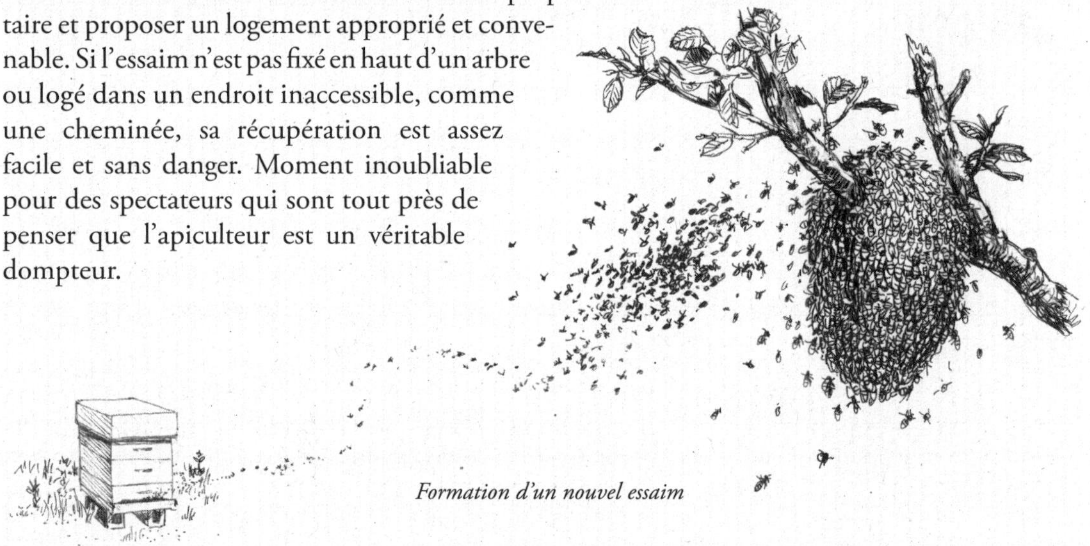

Formation d'un nouvel essaim

Les abeilles dorment-elles ?

Pas de sommeil pour les avettes. Au printemps et en automne, la température chute pendant la nuit : les abeilles se regroupent pour attendre le réchauffement du lendemain. Leur activité est certes ralentie, mais se poursuit. Les nourrices, en particulier, continuent à approvisionner les larves dans les cellules de couvain ; si la température n'est pas trop basse, la reine inspecte les cellules et pond.

Aux beaux jours, dans la ruche pleine d'abeilles, les récoltes de nectar encore trop chargé en eau sont entreposées dans les alvéoles et sont déshydratées jour et nuit par les ouvrières. Le bruissement est continuel !

En hiver, les abeilles se rassemblent en une grappe de plus en plus serrée à mesure que la température baisse. En consommant du miel, elles alimentent les cellules de leurs muscles alaires qu'elles font frissonner pour dégager de la chaleur. Les abeilles situées à l'extérieur de la grappe sont exposées à la température externe, mais au sein de la grappe la température s'élève. La reine bien protégée au milieu de ses filles vit à plus de 30 °C.

Abeilles rassemblées en grappe en hiver

Continuellement, les abeilles du manteau périphérique rentrent dans la grappe pour bénéficier de la chaleur interne. Celles de l'intérieur glissent vers l'extérieur et constituent à leur tour le manteau protecteur.

La consommation de miel assure cette survie, car c'est un aliment énergétique et peu générateur de déchets. L'abeille stocke dans sa poche rectale extensible les résidus de son absorption jusqu'aux premiers beaux jours, quand elle peut effectuer quelques vols rapides de propreté hors de la ruche.

La communication

Phéromones, danses : l'abeille dispose d'au moins deux grands moyens de communication indispensables à la cohésion et au bon fonctionnement de la ruche. L'apiculteur a maintenant de nombreuses clés pour comprendre ces messages codés.

Tout est dans la posture

Il est aisé d'étudier des abeilles émettant une phéromone de regroupement. Il suffit d'observer la planche de vol d'une ruche, alors que la colonie vient d'être dérangée par une visite, par exemple. Les abeilles ont une posture très caractéristique : tête basse, abdomen redressé. On peut deviner une petite tache blanche entre les deux derniers tergites : la glande de Nasanov par laquelle les phéromones sont émises.

Quand l'abeille envoie des messages

Le bon fonctionnement d'une ruche est profondément lié à l'équilibre entre un certain nombre de substances chimiques : les phéromones. Des spécialistes avaient déjà orienté leurs travaux dans cette direction, mais il a fallu attendre le milieu du XXe siècle pour qu'une chercheuse française, Janine Pain, du centre Inra de Bures-sur-Yvette (Essonne), identifie une des phéromones émises par la reine. Un nouveau champ de recherches venait de s'ouvrir.

Une question d'équilibre

L'accroissement ou la diminution de l'une des phéromones induit un déséquilibre au sein de la ruche. Les abeilles s'appliquent à le faire disparaître ou à le compenser. Prenons l'exemple de la reine. Celle-ci sécrète plusieurs phéromones dont les deux principaux effets sont d'inhiber le développement des ovaires des ouvrières et de bloquer la construction de cellules royales. Plusieurs facteurs peuvent perturber la diffusion de cette phéromone :

- La colonie devient très populeuse et les zones les plus périphériques de la ruche ne reçoivent plus l'information en quantité suffisante.
- La reine vieillit et n'émet plus assez de phéromones.
- Plus grave, la reine meurt ou est tuée accidentellement : plus aucune phéromone n'est produite.

Dans tous les cas, les ouvrières réagissent en construisant des cellules royales et en démarrant un élevage royal. Les jeunes reines qui vont naître pallieront le départ de la reine en place lors d'un essaimage (voir p. 36) dans le premier cas de figure, soit remplaceront tout simplement la reine défaillante dans les autres cas. Tous les composants de la ruche, reine, ouvrières, mâles et même couvain, sont susceptibles d'émettre ce genre d'information.

Danse avec les abeilles

Les danses des abeilles ont été décrites dès la fin du XVIIIe siècle, mais ce n'est qu'après les travaux débutés en 1919 par l'éthologue autrichien Karl von Frisch (1886-1982) qu'une explication rationnelle a été donnée à ce comportement. La danse des abeilles fait partie des moyens de communication les plus raffinés du monde animal et, aujourd'hui encore, elle n'a pas été élucidée dans tous ses détails.

Danse en rond, danse en huit

Que sont en fait ces danses de communication ? Simplement, pour l'abeille, l'adresse du supermarché ? Pas seulement : elles signalent aussi les bonnes possibilités de fixation pour l'essaim qui a quitté la ruche. Certaines abeilles, les éclaireuses, peuvent rapporter au groupe, ruche ou essaim des informations précises de direction et d'éloignement des sites intéressants pour la colonie. L'abeille qui veut transmettre un message s'exprime de deux façons. Par la danse en rond, elle indique la présence d'une source de nourriture proche (ressources nectarifères, pollinifères ou simplement aqueuses à moins de 60 à 80 m). Elle ne donne aucune information de direction.

Par la danse en huit, elle indique que la source se trouve au-delà de 75 mètres. La droite frétillante de la danse montre la direction de la source par rapport au soleil. La fréquence du frétillement est une indication de distance. Ces données sont complétées par des informations sonores et des dégustations. La danseuse évolue sur une surface verticale – la surface d'un cadre de cire. Pour les abeilles qui ne voient pas le soleil à l'intérieur de la ruche, la direction du soleil est représentée par la verticale du cadre.

Prix Nobel

Karl von Frisch obtint le prix Nobel de physiologie ou médecine en 1973 en compagnie de Konrad Lorenz et de Nikolaas Tinbergen.

DANSE EN ROND

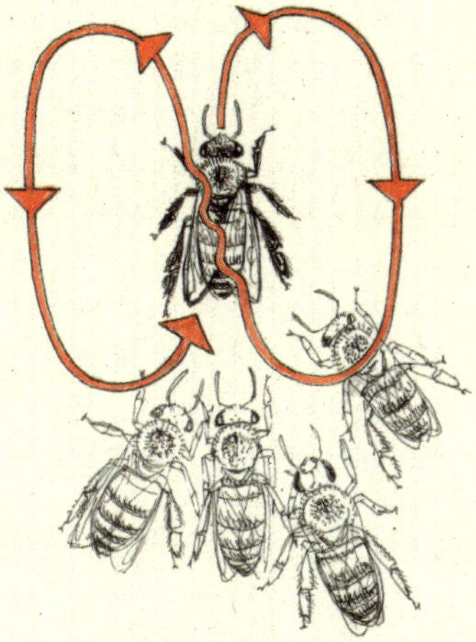

DANSE EN HUIT

Les prédateurs

Indépendamment des maladies dues à certains microbes ou virus, l'abeille peut être menacée par des prédateurs, au premier rang desquels l'homme ! Chasseur de miel, il n'hésitait pas à la sacrifier pour arriver à ses fins jusqu'à la fin du XIXe siècle. Apprenti sorcier, il déverse aujourd'hui dans la nature des substances chimiques. Certes, l'abeille, insecte protégé, n'est jamais directement visée, mais qui peut croire qu'elle restera indemne au milieu de l'hécatombe de parasites ?

Les acariens

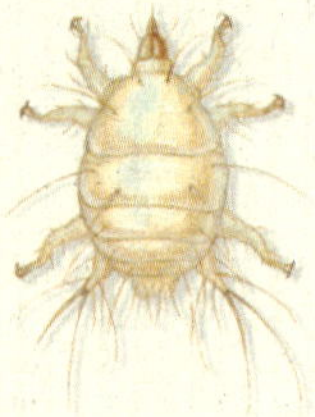

Acaparis woodi
(Acarien des tranchées)

Ils peuvent être microscopiques comme *Acaparis woodi* qui infeste les voies aériennes des jeunes abeilles. L'acariose est une maladie contagieuse. Elle a causé de très importantes pertes de cheptel dans le sud de l'Angleterre au début du XXe siècle. Cette épidémie a convaincu un moine de l'abbaye de Buckfast – le frère Adam – de la nécessité de construire une nouvelle race d'abeille plus résistantes. Il allait passer sa vie à développer l'abeille Buckfast.

Ils peuvent être visibles à l'œil nu, comme le ***varroa*** (*Varroa destructor*). Plus récemment introduit en Europe (1982 en France), il a été découvert en 1904 sur l'île de Java. Sa première description est due à Jacobson. Dans ces contrées, il parasitait l'abeille indigène *Apis cerana* qui s'en accommodait. En revanche, son passage sur *Apis mellifera* qui ne savait pas se défendre a provoqué des catastrophes dans les ruchers du monde entier, le commerce international des abeilles ayant favorisé une infestation rapide à l'échelle planétaire.

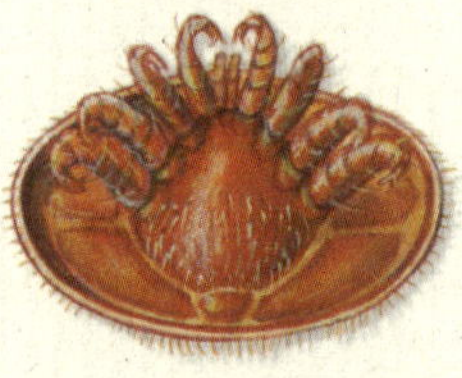

Varroa destructor

Hébergé, transporté par l'abeille adulte, le *varroa* se développe essentiellement dans le couvain durant les métamorphoses nymphales. Une femelle *varroa* se glisse dans une cellule en fin de stade larvaire juste avant la mise en place de l'opercule.

Dans les quelques œufs pondus par cette femelle, le premier donne naissance à un mâle qui est en mesure de féconder ses sœurs issues des œufs suivants. Le développement de ces nouvelles générations de *varroas* se fait sous la protection de l'opercule annihilant l'effet immédiat d'éventuels traitements acaricides. Il s'ensuit pour l'insecte en cours de développement un certain nombre d'effets négatifs, au premier rang desquels un affaiblissement général de la nymphe attaquée et la possibilité accrue de développement de virus à travers les effractions de la carapace de chitine en cours de formation.

À la naissance de l'abeille, le *varroa* parasitera le jeune adulte naissant et pourra être transporté vers d'autres cellules ou d'autres colonies. Mise à part l'île d'Ouessant, isolée par le bras de mer et très sévèrement protégée par les responsables du Conservatoire de l'abeille noire, la totalité du territoire français, ainsi que l'ensemble de l'Europe sont infestés.

Les moyens de lutte sont essentiellement chimiques (médicaments acaricides). Malheureusement, le *varroa* commence à développer des résistances envers certaines molécules et le marché très étroit de ces produits de traitement n'incite pas les laboratoires à lancer des recherches sur de nouvelles molécules.

On a éprouvé le besoin d'initier des luttes plus « biologiques » et un certain nombre de méthodes, en particulier à base d'huiles essentielles, ont vu le jour. Leur efficacité n'est pas toujours à la hauteur des espérances.

Dernier espoir, il semblerait que, plus de vingt-cinq ans après l'arrivée du parasite en France, certaines colonies d'abeilles développent des possibilités de défenses naturelles leur permettant de juguler l'infestation. Rien n'est encore gagné, mais l'espoir existe que, petit à petit, l'abeille se défende mieux et permette à l'apiculteur de minimiser la lutte pharmaceutique tout en préservant son cheptel.

Les oiseaux

Hirondelles, mésanges et autres oiseaux se régalent d'insectes. Le préjudice n'est jamais très grand. L'accident le plus grave est celui de la jeune reine qui revient d'un vol de fécondation et se fait happer par un martinet en maraude. Le guêpier d'Europe peut se montrer vorace, d'autant qu'il vit souvent en colonies. En hiver, il n'est pas rare que le pivert perce les parois de bois d'une ruche pour chaparder à l'intérieur.

Les reptiles

Lézards, couleuvres, crapauds ont la réputation de lancer leur langue habile pour se servir à proximité de la ruche. Ce ne sont que des prélèvements marginaux.

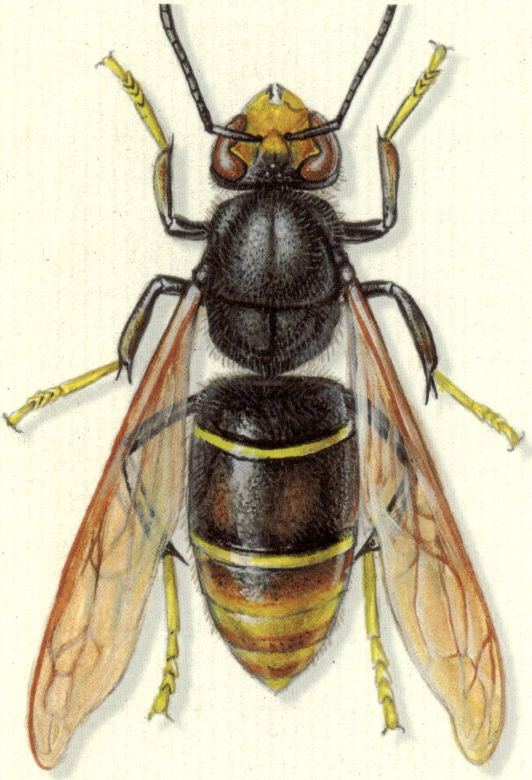

Vespa velutina
(Frelon asiatique)

Les guêpes et les frelons

Les guêpes et surtout les frelons présentent le plus grand danger. Il n'est pas rare à l'automne de voir ces derniers attraper des abeilles en vol ou sur la planche de vol. Le préjudice n'est pas d'une extrême gravité. La situation est devenue bien plus dramatique depuis 2006. Le ***frelon asiatique***, *Vespa velutina*, nouvellement arrivé (2005) dans le cercle des prédateurs, pose des problèmes grandissants dans une zone de plus en plus étendue du territoire français. Nos frelons indigènes, carnassiers comme les guêpes, ont toujours agressé les abeilles. Toutefois, le développement limité des colonies de frelons faisait que, si cette attaque était toujours préjudiciable pour les ruches, elle ne présentait quasiment jamais un risque de destruction d'une colonie. En raison de l'importance des nids de ces nouveaux frelons et donc de leurs colonies, le nombre des prédateurs se trouve multiplié par 10, 100, voire beaucoup plus. Quelle que soit leur vaillance, les abeilles ne peuvent contenir la puissance des assaillants et la bataille se solde par une hécatombe. Quand une ruche est ainsi détruite, pillée, les frelons n'ont qu'à lancer une attaque vers de nouvelles colonies, détruisant ainsi, progressivement, des ruchers entiers. Les moyens de lutte actuels (piégeage) sont artisanaux et la filière apicole demande instamment aux pouvoirs publics (services vétérinaires en particulier) de se pencher attentivement sur ce problème avant que l'extension du fléau ait pris une tournure totalement catastrophique.

Les fourmis

Elles aiment établir leur nid sous les toits des ruches, bien au chaud et à l'abri. Elles peuvent grappiller quelques restes de miel et de cire. Elles ne pénètrent quasiment pas à l'intérieur d'une ruche forte et sont plus gênantes pour l'apiculteur que pour l'abeille.

Le sphinx tête-de-mort

Gros papillon nocturne, il ne s'attaque pas aux abeilles, mais les dérange en pénétrant dans les ruches pour se gaver de miel.

Acherontia atropos
(Sphinx tête-de-mort)

Les coléoptères

Les coléoptères indigènes comme les cétoines occasionnent quelques ennuis sans grande gravité. Toutefois, depuis quelques années, un petit coléoptère en provenance d'Afrique, *Aethina tumida*, s'installe en Europe et cause des dégâts. La rapidité et l'importance des échanges internationaux accélèrent ces transferts de nuisibles.

Aethina tumida
(Coléoptère avec sa larve)

Les petits rongeurs

L'hiver, quand le trou de vol n'est pas muni de grilles et que la vigilance des abeilles est réduite par le froid, ils peuvent s'introduire dans la ruche, y nicher et s'approvisionner. Ils laissent sur place leurs déjections. Il n'est pas rare que les abeilles piquent un rongeur et le tuent. Elles ne peuvent évidemment pas sortir le cadavre ; aussi, pour éviter la putréfaction, elles le recouvrent de propolis. Un embaumement en bonne et due forme.

Les gros mammifères

L'ours brun, puissant, carnassier, grand amateur de miel, est capable de ravager des ruchers. Au Canada en particulier, l'ours est considéré comme l'un des plus grands ennemis de l'apiculteur.

Flore et pollinisation

Sur les plantes à fleurs les abeilles collectent leurs deux principales sources de nourriture : le nectar et le pollen. Sur les autres plantes ou sur les arbres, dans certaines conditions et hors de toute notion de floraison, elles peuvent butiner un troisième élément nourricier, le miellat.

Inséparables

Les plantes à fleurs, dites angiospermes, sont apparues sur Terre il y a soixante, quatre-vingt, peut-être cent millions d'années, en même temps que les insectes pollinisateurs, dont l'ancêtre de l'abeille. Les insectes trouvent dans ces plantes la base de leur nourriture ; les plantes, un moyen efficace de transporter la semence mâle (le pollen) vers les organes femelles des fleurs. Une coévolution s'est ainsi établie.

Avec sa langue, l'abeille aspire du nectar au niveau des glandes nectaires de la fleur, mais, en même temps, elle se frotte aux anthères et les grains de pollen s'accrochent aux poils recouvrant son corps. Ces grains de pollen libres pourront se déposer au niveau du pistil d'une autre fleur : c'est la pollinisation entomophyle.

COUPE D'UNE FLEUR

Le nectar

Le nectar provient de la sève de la plante. Il est produit par des glandes le plus souvent situées à la base des fleurs, mais parfois hors de la fleur, sur les sépales, les feuilles ou les tiges. Il contient une part plus ou moins importante d'eau (de 5 à 80 %). Les matières sèches restantes sont essentiellement composées de sucres et, en faible pourcentage, d'acides aminés et organiques, et de substances aromatiques. De fait, la composition du nectar varie selon les espèces de végétaux.
Le nectar ne semble pas jouer un rôle dans la biologie de la plante. Sa sécrétion servirait essentiellement à attirer les pollinisateurs (insectes, oiseaux ou autres) qui, en visitant la fleur pour se nourrir, se couvrent de grains de pollen, puis les transportent vers d'autres fleurs. Il est, en revanche, la matière essentielle du miel.

Le miellat

Deuxième ressource en matières sucrées pour l'abeille, le miellat provient directement de la sève des végétaux. Il a longtemps été admis que le miellat était un exsudat de sève d'origine uniquement végétale. Au XVIIIe siècle, certains chercheurs comme le botaniste Bonnier ont mis en avant l'action de certains insectes dits « piqueurs-suceurs », comme les pucerons, les cochenilles et même les cigales. Avec leurs pièces buccales, ces insectes perforent les tissus externes des végétaux afin d'aspirer la sève. Dans cette sève qui transite par leur tube digestif, ils recherchent principalement les éléments protéinés et expulsent les liquides et les matières sucrées. Derrière les pucerons, les fourmis et les abeilles sont à la fête. Les pucerons et leurs associés exercent leurs mandibules sur beaucoup d'arbres, en particulier sur les résineux et les chênes, mais aussi les tilleuls ou les châtaigniers. Ces productions de miellat sont plus fréquentes en fin de printemps et en été. Elles dépendent des conditions météorologiques du moment et de celles qui existaient à l'époque du développement des pucerons. Cette origine animale des miellats prévaut actuellement. Il est à noter que l'application d'insecticides dans les champs peut contaminer nectars et miellats et donc exposer les abeilles à de graves intoxications.

Ne pas confondre…

Le miel provient du nectar et non du pollen ! Le nectar apporte aux abeilles des glucides (des sucres) : c'est la sève des plantes qui est transformée par les abeilles. Le pollen lui apporte des protéines : il provient des anthères de la fleur. Les abeilles cherchent soit du nectar, soit du pollen, ou encore les deux selon les espèces de fleurs qu'elles visitent. Les kiwis, par exemple, ne donnent pas de nectar.

Le pollen

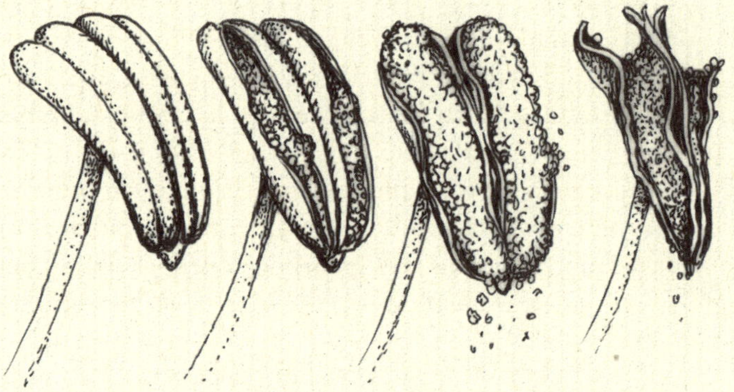

Ouverture des sacs polliniques de l'anthère et libération du pollen

Les étamines, organes mâles des fleurs, se terminent par un petit renflement, l'anthère, sorte de poche renfermant les grains de pollen que l'on peut comparer aux spermatozoïdes des animaux. Le grain de pollen est entouré d'une substance dure et résistante dans le temps, qui intéresse les géologues menant des recherches sur la flore des temps préhistoriques. Cette coque externe, l'exine, enveloppe des protéines, des acides aminés, des graisses, quelques sels minéraux, des sucres et des substances diverses. Contrairement au nectar qui n'apporte presque que des sucres, le pollen est la seule source importante de protéines, indispensables au développement des organismes en croissance.

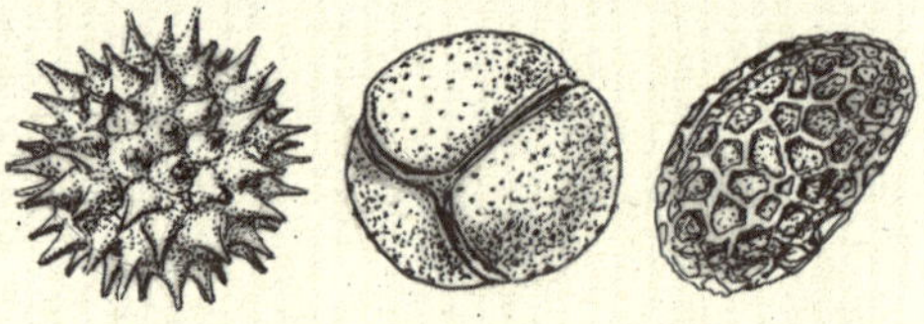

À droite, grain de pollen épineux qui sera disséminé par les insectes ; les grains lisses sont transportés par le vent

De la taille d'un grain de pollen

La taille d'un grain de pollen s'exprime en microns. Des plus petits, de l'ordre de 5 µm, comme ceux du myosotis, jusqu'aux plus importants comme ceux de certains sapins, entre 200 et 250 µm (soit un cinquième ou un quart de millimètre). Groupés en tétrades à la suite de deux divisions successives des cellules mères, les grains vont ensuite s'individualiser lors de leur dispersion.

Au gré du vent, de l'eau… ou des insectes

Les grains de pollen peuvent être disséminés dans la nature, au hasard des vents. C'est une pollinisation « anémophile » qui concerne surtout les grains légers et lisses, parfois munis de ballonnets, comme ceux des conifères, des graminées et de bon nombre d'arbres. Un nombre considérable de grains vole au hasard des vents à la rencontre du pistil récepteur. Le gâchis est énorme, car la chance de rencontre est très faible et diminue rapidement avec la distance.

Autre moyen de transport : l'eau, grâce à un certain nombre de plantes aquatiques. Toutefois, les « transporteurs » les plus efficaces sont les oiseaux, les chauves-souris et surtout les insectes dits pollinisateurs. Attirés par le nectar ou le pollen, beaucoup d'insectes visitent les fleurs, mais ils ne sont pas obligatoirement des transporteurs de grains de pollen. Les principaux acteurs de la pollinisation « entomophile » sont les hyménoptères et, plus particulièrement, ceux qui, comme l'abeille, ont le corps largement recouvert de poils. Les grains de pollen les plus grands, collants en surface et présentant des aspérités, s'accrochent facilement aux poils.

La butineuse de pollen

L'abeille récolte du pollen pour ses propres besoins. Elle humecte constamment les grains de miel et de salive afin de mieux les amasser et aussi d'apporter des lactoferments indispensables au devenir du pollen dans la ruche (voir aussi p. 68).

Les trois paires de pattes de l'abeille jouent un ballet continuel. La première et la deuxième paires rassemblent les grains fixés sur tout le corps, puis la deuxième paire assure le transfert vers les pattes postérieures, soit directement soit en se raclant sur la brosse de poils de la patte postérieure. Très spécialisées, ces pattes arrière ont un logement concave équipé d'un important poil central autour duquel les grains de pollen s'amassent en pelote : c'est la corbeille (voir p. 24). Les deux pelotes de pollen ainsi transportées sur la face externe des pattes arrière pèsent de 10 à 30 mg.

De retour à la ruche, la butineuse cherche une cellule vide, dépose son fardeau et repart vers d'autres fleurs. Les abeilles d'intérieur tassent les pelotes avec leur tête et continuent l'apport de lactoferments qui améliorent les qualités nutritionnelles et la conservation du pollen. Le pollen est essentiellement placé dans les cadres de corps de la ruche, ceux qui abritent la nurserie : le couvain (voir p. 31). Le pollen étant la base de l'alimentation destinée aux larves, il est normal qu'il se situe à proximité immédiate de la ponte de la reine. Les abeilles en consomment également, car le pollen est indispensable dans leur alimentation afin que certaines de leurs glandes puissent produire la gelée royale (voir p. 66).

La couleur du pollen

Si l'on pratique une coupe longitudinale d'une cellule remplie de pollen, on observe des strates de couleurs différentes. Car si une abeille est fidèle un temps à un type de fleur et ramène donc à la ruche le même pollen, toutes les abeilles d'une ruche, instruites par les danses des éclaireuses, ne vont pas sur les mêmes champs de butinage. Les rentrées de pollen sont par conséquent multiples. Dans la ruche, il n'y a pas de tri sélectif : l'emmagasinage se fait en fonction de l'espace disponible, d'où des mélanges. Des pollens, il y en a de toutes les couleurs, des noirs, des rouges, des violets, mais la grande majorité est blanchâtre, blanc jaunâtre ou jaune avec des variantes. Écrasées dans les alvéoles, les teintes se fondent.

LA RÉCOLTE DU POLLEN

La 1re et la 2e paire de pattes rassemblent le pollen sur le corps.

Le pollen est ensuite transféré sur les brosses des pattes postérieures.

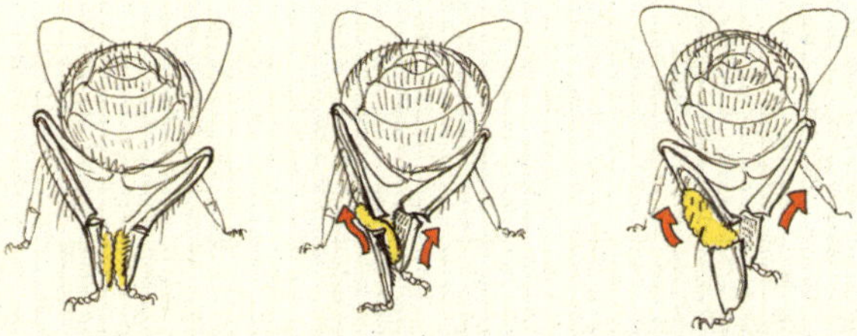

Ce frottement des pattes postérieures fait glisser le pollen dans les corbeilles, dans lesquelles il s'amasse en pelote autour d'un poil central.

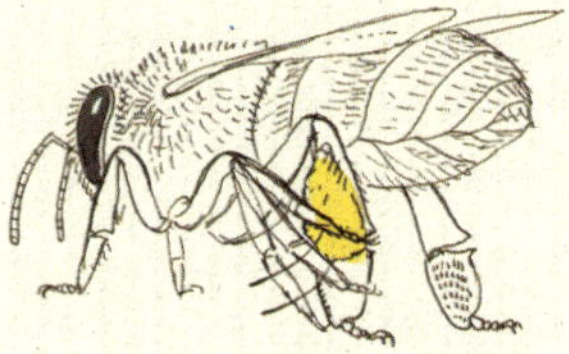

La pelote est parfois tapotée pour être plus compacte.

La butineuse de nectar

Quand l'abeille est en quête de nectar, elle visite les fleurs, se frotte aux anthères libérant le pollen, mais elle ne cherche pas à l'engranger. Ce pollen accroché aux poils est transporté vers le pistil d'autres fleurs que l'abeille butine, sans subir le moindre apport de miel ou de salive : il garde alors toutes ses propriétés germinatives. La pollinisation est assurée, la fécondation peut s'effectuer.

Fleurs de prédilection

L'observation a permis de distinguer les floraisons les plus recherchées par l'abeille, celles assurant des rentrées à la ruche moyennes, bonnes ou exceptionnelles. Les données météorologiques ne conditionnent pas la valeur nectarifère ou pollinifère d'une plante ; cependant, chaque année est différente en fonction de quelques degrés en plus ou en moins au moment de la floraison. Un temps de pluie prolongé, un passage de vent de nord ou d'est, quelques jours de canicule sur les fleurs d'été font que telle ou telle floraison très visitée les années précédentes n'apporte rien à la ruche cette année.

L'écosystème local ou régional a aussi une importance. Une abeille des Landes, habituée à effectuer ses principales récoltes sur les bruyères, ne se conduit pas comme une Vosgienne qui tire l'essentiel de ses ressources des miellats de sapin. De même, la nature des sols a une certaine influence sur l'attractivité d'une fleur, suivant qu'ils sont acides ou calcaires, granitiques ou limoneux.

En termes généraux, et en se situant dans des zones de météorologie et d'altitude moyennes, certaines floraisons sont réputées plus intéressantes pour nos butineuses (voir p. 52, L'herbier de l'apiculteur). Parmi les plus classiques et en progressant dans la saison, ce sont :

- **Noisetiers** et **saules** offrent pollen et éventuellement nectar. Parce qu'ils fleurissent en sortie d'hiver, ils proposent à la colonie les premières récoltes de l'année.
- Les **arbres fruitiers**. Répandus sur tout le territoire, ils présentent un intérêt variable. Leur floraison précoce au printemps permet aux colonies de bien se développer.
- Les **colzas**. Très intéressants car leur floraison est précoce et les étendues ensemencées souvent importantes.
- Les **marronniers**, dont l'implantation est essentiellement urbaine.
- Les **acacias**. Leur floraison est attractive, mais sensible à la pluie et aux vents froids.
- Les **tilleuls**. Aussi bien en ville que dans bien des zones rurales, la fleur de tilleul attire l'abeille par son pollen et son nectar. Le miel qui en résulte, caractéristique, est très apprécié.
- Les **châtaigniers**. Suivant celle des tilleuls, leur floraison intéresse fortement les abeilles. Certaines régions, comme le Massif central ou la Corse, proposent des miels de châtaignier réputés.
- Les **tournesols**. Ce fut longtemps la ressource principale en nectar et en pollen dans les zones de grandes cultures. Le développement des traitements chimiques a profondément modifié la donne.
- Les **sophoras**. Ces espèces d'implantation essentiellement urbaine ont une floraison estivale tardive qui peut amener un complément de récolte important.
- Les **bruyères**. Leur intérêt en arrière-saison est constant et même primordial dans certaines régions comme les Landes, la Sologne et autres zones de terrains propices à leur établissement.
- Les **lierres**. Très rarement récoltée par l'homme, une bonne miellée de lierre peut reconstituer les réserves d'hiver d'une colonie.
- Les **romarin** et **lavande**, le **framboisier** et la **bourdaine**, la **luzerne** et le **pissenlit**, la **ronce** et le **sainfoin**, le **thym** et le **trèfle**, etc. sont très visités dans certaines zones.

Cette liste est loin d'être exhaustive. La nature offre aux insectes pollinisateurs une variété infinie de sources d'approvisionnement qui garantissent tout au long de la saison apicole une diversité et une continuité indispensables au bon fonctionnement d'une colonie. Avec l'extension des monocultures, cette règle naturelle est de plus en plus transgressée.

L'AIRE DE BUTINAGE

L'aire de butinage d'une abeille s'étend sur un cercle de 1,5 km. Les abeilles d'une ruche peuvent explorer 700 ha. Colossal ! Si les ressources sont proches, l'abeille a un meilleur rendement puisqu'elle fait plus d'allers-retours dans la journée. En cas de disette, la butineuse peut aller bien plus loin. Certains avancent entre 8 et 10 km, ce qui s'apparente plus à la performance sportive qu'à la collecte de nourriture, car la longueur du vol fait que l'abeille brûlera la quasi-totalité du contenu de son jabot.

Pour remplir son jabot, une ouvrière visite de 200 à 500 fleurs : donnée variable selon les fleurs visitées, l'humidité ambiante, la présence de vents plus ou moins asséchants.

7 g de miel : c'est la résultante du travail d'une vie de butineuse pendant trois semaines au maximum en saison. De 700 000 à plusieurs millions de voyages sont nécessaires aux abeilles d'une colonie pour produire 1 kg de miel.

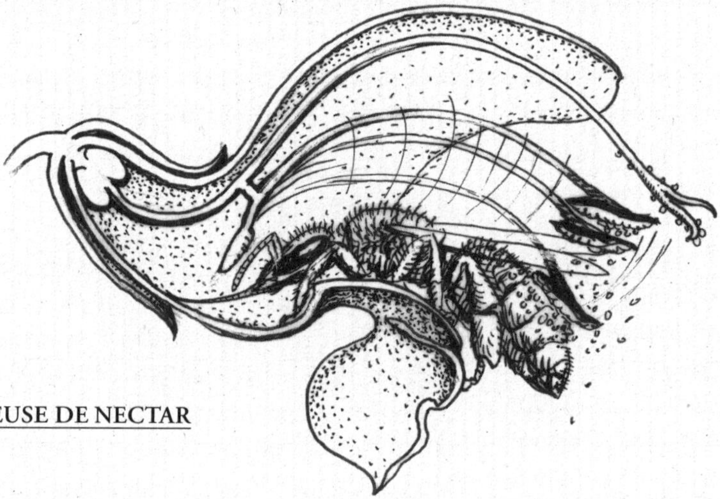

BUTINEUSE DE NECTAR

QU'EST-CE QU'UN MIEL MONOFLORAL ?

De grandes étendues boisées d'acacias, de tilleuls, de châtaigniers, etc. favorisent des récoltes caractéristiques, mais celles-ci comportent immanquablement des nectars issus de quelques autres plantes fleurissant en même temps. Un miel dit monofloral contient presque toujours un certain pourcentage d'autres origines florales. Les récoltes sont cependant plus spécifiques dans les zones de monocultures de colza et de tournesol.

Pour affirmer le caractère monofloral d'un miel en laboratoire, on s'est longtemps appuyé sur le comptage des grains de pollen retrouvés dans l'échantillon analysé. Il est maintenant admis que de nombreux facteurs peuvent interférer et fausser les résultats. L'analyse sensorielle, certaines caractéristiques physico-chimiques permettent de mieux cerner l'origine du miel.

COMMENT OBTENIR UN MIEL MONOFLORAL ?

Première éventualité, l'apiculteur gère un rucher sédentaire. Ses ruches restent toute l'année au même endroit, où la flore est riche en une ou deux espèces. Pour obtenir un miel monofloral, il doit vider complètement ses hausses (voir p. 129) au début d'une floraison importante, puis récolter dès le début de la défloraison.

Autre éventualité, l'apiculteur déplace ses ruches en fonction des dates des miellées et de la densité d'une espèce florale particulière. Parallèlement la récolte est effectuée, les hausses pleines sont apportées à la miellerie pour extraction. Les mêmes ruches peuvent ainsi travailler sur des flores successives plusieurs fois dans l'année. C'est une autre apiculture, essentiellement pratiquée par les professionnels. Elle nécessite d'importants moyens de manutention et de transport.

Attention à l'étiquetage : l'apiculteur doit avoir une connaissance précise des critères sensoriels et disposer d'analyses physico-chimiques réalisées en laboratoire. (Voir p. 146.)

Pesticides et OGM

Depuis le milieu du XXe siècle, l'arsenal des produits chimiques n'a cessé de se développer. Pourtant, dans les années 1970, le tableau est déjà moins idyllique : les microbes développent des résistances aux antibiotiques, les insectes parasites au DDT (insecticide organochloré). Bien plus grave, ce dernier est accusé d'être cancérigène. Moins de dix ans après, le DDT est interdit dans un grand nombre de pays. Mais la course à l'armement antiparasitaire repart de plus belle. Des insecticides agissant par contact, on passe à une action systémique : l'agent insecticide est véhiculé par la sève des végétaux traités. Le temps des semences enrobées arrive au milieu des années 1990. C'est le Gaucho pour le tournesol et le maïs, le Régent TS pour le maïs. Parallèlement, des abeilles disparaissent. Une longue lutte menée par les apiculteurs et les défenseurs de la nature aboutit, par vagues successives de 1999 à 2004, à l'interdiction ou à la suspension des semences ainsi traitées. Aussitôt, une nouvelle molécule prend la relève : le Cruiser.

Organismes génétiquement modifiés, plantes génétiquement modifiées. L'homme lance dans la nature de nouveaux poisons. Le débat est ouvert, la vigilance de tous est indispensable pour la survie de l'abeille.

L'HERBIER DE L'APICULTEUR

Châtaigner
(Castanea sativa)

Tilleul
(Tilia platyphyllos)

Robinier faux-acacia
(Robinia pseudacacia)

Bruyère callune
(Calluna vulgaris)

Colza
(Brassica napus)

Romarin
(Rosmarinus officinalis)

Mûre-ronce
(Rubus fructicosus)

Tournesol
(Helianthus annuus)

Lavande
(Lavandula angustifolia)

Luzerne
(Medicago sativa)

Trèfle blanc
(Trifolium album)

Lierre
(Hedera helix)

2

Encyclopédie Hachette des connaissances agricoles

Les produits de la ruche

Production ou récolte ?

Miel, pollen, gelée royale, cire, propolis, venin. Autant de produits liés à l'abeille et dont les propriétés ont été reconnues depuis l'Antiquité. Certains sont des productions de l'abeille, d'autres des récoltes. L'homme a l'ingéniosité d'en transformer quelques-uns pour confectionner hydromel, pain d'épice, bougies et autre encaustique.

Transformations Produits dérivés

À partir du miel :
Hydromel - *p. 64*
Confiseries
Pâtisseries
Cuisine

À partir de la cire :
Cire gaufrée
Bougies
Encaustique

Production de l'abeille

Miel - *p. 60*
Gelée royale - *p. 66*
Cire - *p. 72*
Venin - *p. 73*

Récolte de l'abeille

Nectar (fleurs) - *p. 45*
Pollen (fleurs) - *p. 46 et 68*
Miellat (sève) - *p. 45*
Propolis (résine des arbres) - *p. 70*

Le miel

Le miel est un produit qui ne peut contenir ni additif, ni colorant, ni conservateur, ni parfum artificiel. Il arrive sur votre table tel que les abeilles l'ont fait et tel que l'apiculteur consciencieux l'a récolté. Le simple mot « miel » sur un emballage est dorénavant suffisant pour vous assurer de son origine 100 % pure et naturelle.

Quelle origine ?

Les abeilles produisent le miel à partir du nectar recueilli dans les fleurs au niveau des glandes nectaires, ou à partir du miellat recueilli sur les plantes (voir p. 45).

Ces deux liquides, trop riches en eau pour être conservés en l'état, passent du jabot d'une butineuse vers celui d'une abeille d'intérieur. Cet échange peut se répéter plusieurs fois dans la ruche. Chaque transfert permet une légère perte d'eau et contribue partiellement à la déshydratation. De même, chaque abeille apporte des substances animales sous forme d'enzymes. Le nectar, exclusivement végétal, se transforme ainsi en miel, produit végéto-animal. Mention un peu particulière pour le miellat, qui a subi une première transformation animale au niveau du tube digestif des insectes piqueurs-suceurs avant de recevoir l'apport de l'abeille.

L'élimination de l'excès d'humidité résulte aussi du travail incessant des abeilles ventileuses tout au long de la saison mellifère. Installées dans la ruche et sur la planche de vol, un bataillon d'ouvrières, le plus souvent en fin de vie intérieure (elles ont entre 16, 17 et 20 jours) battent des ailes et créent un courant d'air : l'air de l'intérieur de la ruche, chargé de l'humidité du nectar, est ainsi évacué.

Quand le miel est mûr…

Cette phase d'évaporation d'eau qui amène le miel à maturité, c'est-à-dire à une concentration d'eau inférieure à 18 %, a une durée variable en fonction des données météorologiques et de la quantité rentrée de nectars et de miellats. Les abeilles savent quand le produit a atteint le degré de maturité suffisant pour que sa conservation soit assurée. Comme la cuisinière qui estime sa confiture bien cuite et ferme le pot d'une capsule, elles ferment alors les alvéoles avec une fine membrane de cire : l'opercule. Le miel est à leur disposition pour leur consommation courante et surtout pour leur permettre de traverser les longs mois d'automne, d'hiver et de début de printemps.

De la cire gaufrée au cadre plein

Au printemps on met en place, dans les hausses (voir p. 124), des cadres garnis de cires gaufrées. Quelques jours, semaines ou mois plus tard, le butinage a porté ses fruits, les alvéoles sont pleins, le nectar est devenu miel. Dès que l'immense majorité des cellules sont

À savoir

Selon la législation, il existe deux types de miel : le miel de nectar et le miel de miellat (brun clair ou brun vert sombre). Cependant, selon le mode d'obtention, on distingue aussi le miel de rayons (vendu en rayons, entiers ou non) ; le miel avec morceaux de rayon ; le miel égoutté (obtenu par égouttage des rayons désoperculés ne contenant pas de couvain) ; le miel centrifugé (obtenu par centrifugation des rayons désoperculés ne contenant pas de couvain) ; le miel pressé (obtenu par pressage des rayons ne contenant pas de couvain, sans chauffage ou avec léger chauffage).

operculées, l'apiculteur peut intervenir pour procéder à la récolte, c'est-à-dire au retrait des hausses et à leur transfert à la miellerie.

La composition du miel

Le miel est essentiellement composé de sucres, avec moins de 20 % d'eau et de multiples autres substances en petites quantités. Les sucres sont divisés en quatre familles.

1. **Les monosaccharides** – glucose et fructose – très largement majoritaires : de 65 à plus de 70 % de la masse du miel. Le rapport entre le glucose et le fructose modifie la vitesse de cristallisation du miel.
2. **Les disaccharides**, dont le plus présent est le saccharose (de 1 à 4 %). Citons également le maltose.
3. **Les trisaccharides** – mélézitose – faiblement représentés.
4. **Les polysaccharides** – une vingtaine ou plus, mais souvent sous forme de traces.

Les autres substances sont de cinq sortes.

1. **Les acides** en très faibles proportions (de 0,2 à 1,5 % maximum) jouent un rôle sur la saveur du miel. Les miels de miellats, plus acides, paraissent souvent moins sucrés que beaucoup de miels de fleurs (acacia, par exemple).
2. **Les acides aminés et les protéines** (de 0,2 à 0,7 %) seraient essentiellement apportés par les sécrétions que les abeilles mélangent au miel lors des transferts de jabot à jabot, la trophallaxie.
3. Parmi **les sels minéraux**, le potassium est le plus constant. Les analyses peuvent mettre en évidence bien d'autres sels et métaux, souvent à l'état de traces.
4. Parmi **les vitamines**, l'acide ascorbique (vitamine C) peut atteindre un taux de 2 %. D'autres, comme les B1, B6, K, peuvent être présentes en quantités infimes.

Miel et pollution

En zone urbaine, les risques de pollution atmosphérique et de contamination par des métaux lourds existent. La Société centrale d'apiculture a fait effectuer des analyses sur divers échantillons de miel provenant de ses ruchers parisiens, ainsi que de régions françaises préservées de l'industrie et de certaines pratiques agricoles. En 1996 et 1999, les résultats ont révélé des doses maximales de plomb allant de 50 µg à 170 µg/kg. Au taux de 50 µg/kg, limite inférieure des possibilités d'analyse, 5 des 9 échantillons ne montraient aucune trace de plomb. En 2003, le seuil de l'analyse avait été relevé à 100 µg/kg ; aucune trace de plomb n'était décelée parmi les 6 échantillons urbains ou campagnards. Les résultats étaient identiques pour le cadmium.

En zone de culture intensive, les conséquences des traitements – herbicides, fongicides et autres insecticides – sur la faune des pollinisateurs, très controversées, paraissent cependant assez certaines. Il suffit de comparer les désastres constatés dans certaines régions et les ruchers urbains. Et le miel dans tout cela ? Le produit ne semble pas altéré. L'abeille filtre, l'abeille meurt, ses centres nerveux sont perturbés ; mais le produit issu de son labeur reste sain et parfaitement consommable.

5. Les **arômes** caractérisent les miels et contribuent, avec bien d'autres critères, à leur différenciation gustative. Ils sont très volatils. (Voir p. 147.)

Enfin, d'autres éléments peuvent être découverts dans le miel et contribuer à définir sa qualité.

1. **L'hydroxyméthylfurfural** (HMF) provient de la dégradation des sucres. Sans aucune toxicité, il est naturellement présent à raison de 2 à 3 mg/kg dans les miels jeunes. Cette teneur s'accroît très lentement au fil du temps (plus rapidement si le miel subit des chauffes pour être décristallisé).

2. Les **impuretés**. De simples conditions de propreté respectées lors du traitement du miel après la récolte permettent d'éviter ces incidents. Lors de l'ouverture des opercules pour permettre l'écoulement du miel hors des alvéoles, la cire est déchiquetée en surface par des systèmes mécaniques, simple couteau ou machines. De petites particules de cire se mêlent obligatoirement au miel. Les plus grosses sont retenues par un tamis, les plus fines sont éliminées après un temps de décantation. Lors de la mise en pots, quelques très légers débris de cire peuvent accidentellement être présents. Le seul préjudice est d'ordre esthétique, sans aucun danger pour la santé.

3. Les **produits d'origine chimique** peuvent être de provenances diverses. Pour lutter contre un parasite, le varroa (voir p. 40), des substances chimiques acaricides sont introduites dans la ruche. Un protocole très strict est à respecter lors de leur emploi.

Les traitements, sont formellement interdits lorsque les hausses, contenant le miel destiné à la consommation, sont en place sur les ruches. Par ailleurs, la durée maximale de leur application dans les ruches en été et en automne est à respecter scrupuleusement.

Bon pour la santé ?

Aliment très riche en sucres, le miel a un haut pouvoir calorique qui peut, en moyenne, être deux fois supérieur à celui de la même quantité de viande. Les sucres simples (glucose et fructose), prépondérants, sont rapidement et facilement assimilables. Le miel est donc énergétique. Sir Edmond Hilary soutenait son organisme en consommant du miel lors de son ascension de l'Everest en 1953 !

Dès la plus haute Antiquité, le miel, denrée rare, a été considéré comme un médicament. Gage de longévité pour les uns, remède universel pour d'autres ou, plus simplement, excellent fortifiant et parfait cicatrisant. Le miel apporte des sels minéraux et des oligo-éléments, des éléments antiseptiques voire antibiotiques, et contribue à améliorer la résistance de l'organisme. Chez le nourrisson, il est fréquemment ajouté au biberon. Pour l'enfant, c'est un excellent régulateur de croissance, favorisant la digestion.

Du miel pour les grands brûlés

Certains services hospitaliers emploient le miel comme agent désinfectant et cicatrisant. Une expérimentation systématique prouve que les résultats sont toujours meilleurs et plus rapides avec des pansements au miel. Le service de chirurgie du CHU de Limoges est à la pointe de cette recherche. Des résultats très prometteurs ont également été enregistrés dans les soins aux grands brûlés au niveau de la cicatrisation et de la régénération cellulaire.

Le miel soutient les personnes âgées. Pour certains médecins, il aurait une influence favorable sur l'activité cardiaque. Il est aussi communément admis qu'un léger apport de miel (30 g) au cours d'un repas chez un diabétique n'est pas contre-indiqué (bien sûr, la surveillance de la glycémie est de mise). Il régulerait aussi le transit intestinal.

L'hydromel

L'hydromel est le résultat de la fermentation alcoolique des sucres du miel dans de l'eau. Boisson divine, élixir des dieux depuis l'Antiquité dans de nombreuses civilisations, l'hydromel a connu un regain de popularité à la fin du XIXe siècle, lors de la destruction de la vigne par le phylloxéra. La vigne reprendra peu à peu ses droits et la diffusion de l'hydromel redeviendra plus ou moins confidentielle, sauf peut-être en Bretagne avec le chouchen, à base de miel et de jus de pomme.

Quels miels choisir ?

La qualité du produit fini dépendra en grande partie du choix du miel. Celui-ci doit présenter de bonnes qualités gustatives. Pour s'en débarrasser, certains apiculteurs se servaient autrefois de vieux miels, quelquefois en début de fermentation, parfois aussi des eaux de lavage du matériel de miellerie. Les résultats étaient décevants.

Des miels de qualité, mais lesquels ? Des miels doux : l'acacia, le colza, beaucoup de miels de printemps, le tournesol. Les miels de tilleul ou d'acacia, coulants et clairs, sont les plus recherchés pour l'élaboration d'hydromel. Ils doivent être dépourvus de tout débris ou impureté.

Éviter les miels au goût très fort, surtout ceux présentant plus ou moins d'amertume, comme le châtaignier. Leur caractère pourrait être amplifié, jusqu'à devenir désagréable.

Conduire la fermentation

L'hydromel a un titre alcoométrique de 10 à 16 % vol. La fermentation des sucres est induite par les levures qui se trouvent naturellement sur la peau des fruits mûrs. Celle des grains de raisin, par exemple, dans le cas de la vinification. Le miel étant pauvre en levures, le démarrage d'une fermentation alcoolique n'est pas facile. Il faut utiliser des levures préparées en laboratoire, le plus souvent des levures de bière (*Saccharomyces cerevisiae*) ou de vin (*Saccharomyces bayanus*). Il est également possible de préparer un pied de cuve à partir de toutes sortes de fruits (raisin, pomme, notamment), mais les boissons ainsi obtenues n'ont pas droit à l'appellation hydromel.

Quand la fermentation est bien lancée, on prépare un moût en mélangeant au pied de cuve de l'eau pure (de source) et du miel. Le rapport eau-miel dépend du degré d'alcool que l'on souhaite obtenir, sachant que 2,450 kg de miel au cent litres donnent à terme 1 % vol. d'alcool.

Secs, demi-secs, liquoreux

La fermentation très active pendant quelques semaines diminue progressivement. Elle s'arrête complètement après une durée variable qui peut atteindre plusieurs mois. Si la quantité de miel introduite au départ dans le mélange est réduite (de 24 à 25 kg pour 100 l), la fermentation s'arrête rapidement car les bactéries n'ont plus de sucre à transformer. On obtient des hydromels secs à demi-secs

Maîtriser la température

La température a une grande importance sur la fermentation. Il importe donc que le récipient (fût en bois, bonbonne en verre ou cuve spéciale en plastique) soit bien isolé pour que la température de 23 à 25 °C reste la plus constante possible. Sans aller jusqu'aux installations industrielles des grands hydromelliers, beaucoup d'apiculteurs aménagent une pièce ou un réduit dans lequel la température est régulée. Dans tous les cas, les récipients de fermentation doivent être parfaitement propres pour éviter toute contamination.

(de 0 à 10 g/l de sucres résiduels pour le premier ; de 10 à 20 g/l pour le second).
Si la quantité de miel est plus importante (30 kg/hectolitre et plus), la transformation des sucres est plus longue et tous les sucres ne sont pas transformés : le degré d'alcool monte, entraînant l'asphyxie progressive des bactéries. L'hydromel obtenu est moelleux (de 20 à 40 g/l de sucres résiduels), voire liquoreux (de 40 à 60 g/l). Les sucres résiduels donnent cette impression de douceur sucrée. Ces hydromels sont souvent plus appréciés que les secs.

Des goûts et des saveurs

Dans le monde apicole, vous goûterez toutes sortes d'hydromels. Ceux issus de la production industrielle, jamais mauvais, avec un goût constant d'une année sur l'autre, et ceux issus de l'artisanat. Les ***œnomels*** (à base de moût de raisin et de miel) ou ***fructimels*** (base de fruits et de miel) n'ont légalement pas droit à l'appellation hydromel. Les pieds de cuve à base de fruits vont donner des couleurs, des arômes, des saveurs incomparables. Cependant, si l'apiculteur refuse d'employer des stabilisants chimiques ou les utilise sans contrôler parfaitement leur dosage, ces breuvages, merveilleux un jour, ne seront pas toujours des modèles de stabilité.
Titrant souvent 12 % vol. et plus, l'hydromel peut vieillir. Toutefois l'apiculteur n'a pas toujours la maîtrise d'un viticulteur pour contrôler une fermentation. Dès lors, il est souvent plus judicieux de consommer son hydromel assez vite. À le boire jeune, on risque de déguster un produit dont la fermentation n'est pas totalement terminée. Quelques bulles remontent dans les verres : l'hydromel est pétillant, ce qui n'est pas désagréable et peut même être voulu. Ce sera l'aboutissement de techniques particulières s'apparentant à celles conduisant à la création des vins effervescents.

La gelée royale

La gelée royale peut être considérée comme un stimulant pour l'organisme humain, un revitalisant pour les personnes âgées ou fatiguées. Elle peut aussi avoir un effet euphorisant.

Qu'est-ce que la gelée royale ?

La gelée royale est une production de l'abeille. Elle est essentiellement sécrétée par les glandes hypopharyngiennes situées dans la tête. Les glandes mandibulaires, dans la tête également, jouent aussi un rôle dans cette production. Ces glandes sont les plus développées chez les jeunes abeilles âgées de 6 à 12 jours : les nourrices. Toutefois, en cas de besoin, des abeilles plus âgées peuvent voir le fonctionnement de leurs glandes se réactiver.

Cette gelée, ou ces gelées car il existerait de légères variantes selon leurs destinataires, sont distribuées par les nourrices à toutes les larves sans exception pendant les trois premiers jours de leur développement. Au-delà, les larves de mâles et d'ouvrières passeront à la bouillie à base de pollen, de miel et d'eau, alors que les larves destinées à donner des reines continueront à recevoir, exclusivement, la gelée royale. De même, après leur naissance, les reines seront ainsi nourries toute leur vie.

Cette différence dans l'alimentation semble être le déterminant essentiel entre le développement d'une ouvrière qui ne vit que quelques semaines à quelques mois maximum et qui voit ses fonctions de reproduction inhibées et celui d'une reine qui peut dépasser les quatre ans de vie et dont les ovaires lui permettront de pondre entre 1 000 et 2 000 œufs par jour. C'est le mystère de la gelée royale, pour certains un véritable mythe !

Composition et propriétés

La gelée royale contient essentiellement de l'eau (65 % en moyenne), des sucres (de 12 à 20 %), des protéines (de 10 à 15 %), des lipides (de 4 à 7 %). Il reste environ 2 à 3 % pour les constituants complémentaires : les sels minéraux, les vitamines (principalement l'acide pantothénique), ainsi que des stérols. L'absorption se fait par voie sublinguale à l'aide d'une petite spatule fournie avec le pot. La dose quotidienne varie entre 200 à 500 mg à prendre en cure de deux à quatre semaines, soit l'équivalent d'un pot de 10 g.

Comment la gelée royale commercialisée est-elle produite ?

La gelée royale est présente dans toutes les cellules d'élevage pendant au moins trois jours, voire plus pour les larves de reine. Dans la mesure où la cellule royale est la plus grande, la quantité de gelée produite à son niveau est aussi plus importante. Cependant, dans son cycle normal, c'est-à-dire en période d'essaimage, une colonie n'élève que quelques larves de reines ; à raison de quelques milligrammes de gelée produits par cellule, il serait difficile d'envisager une quelconque commercialisation. La seule solution ? Tromper l'abeille.

Astuces d'apiculteur

L'une des phéromones diffusées par la reine entraîne l'inhibition de production de cellules de reines. Il suffit d'enlever la reine d'une colonie pour que les ouvrières entreprennent très rapidement la construction de cellules royales destinées à abriter la gestation de futures reines dont une seule assurera le remplacement de celle qui a été retirée. L'apiculteur peut donc déclencher à la demande un élevage et la production de gelée royale.

Mais il sait faire mieux encore. Il suffit de présenter à une colonie orpheline une série d'amorces de cellules royales (cupules en plastique) contenant une jeune larve déposée sur un peu de gelée royale pour que les ouvrières s'occupent non plus de quelques cellules, mais de 10, 20 ou plus. Au bout de deux jours et demi le dépôt de gelée est maximal. Les cellules sont alors retirées de la ruche et amenées au laboratoire où la gelée est récupérée par aspiration. Il ne faut pas laisser les cellules plus longtemps en ruche sinon, l'appétit de la larve de reine augmentant avec sa croissance, elle ne laisserait à l'apiculteur qu'une quantité amoindrie.

C'est un travail très long et spécialisé. Seuls quelques apiculteurs s'adonnent à cette production. Les techniques évoluent, permettant une meilleure utilisation des colonies productrices, mais la production se mesure toujours en milligrammes par cellule. Une sélection génétique des souches d'élevage peut également permettre une augmentation du rendement.

Conserver la gelée royale

La gelée, une fois filtrée, est généralement conditionnée dans des pots en verre de 10 g. On peut aussi en trouver mélangée à du miel à raison de 2 à 4 %. Conservez-la dans un endroit frais (de 0 à 5 °C) et à l'abri de la lumière. Cette chaîne du froid ne doit pas être interrompue tout au long de la consommation du produit. Sans altération des qualités, vous pouvez garder la gelée royale jusqu'à six mois au réfrigérateur et de deux à trois ans au congélateur. La gelée est également commercialisée sous forme lyophilisée. Elle aura peut-être alors perdu quelques propriétés, mais les problèmes de conservation sont résolus.

Le pollen

Qui n'a jamais eu, en touchant certaines fleurs, les doigts recouverts de poussières diversement colorées ? C'est le pollen, facteur mâle indispensable dans la phase de reproduction des plantes à fleurs. Mais le pollen est aussi un aliment pour l'abeille.

La nourriture de l'abeille

L'abeille a un besoin absolu de pollen à certains stades de son évolution. En effet, le miel apporte essentiellement des sucres, pas de lipides ni de protides. Or, ces éléments, les protides en particulier, sont indispensables au développement des individus en cours de croissance : larves et très jeunes abeilles. Une jeune abeille qui ne peut consommer de pollen verra sa formation perturbée, ses glandes cirières, notamment, ne se développeront pas pleinement.

L'abeille butine le pollen…

L'abeille butinant du pollen rassemble, peigne, avec ses pattes avant, les grains de pollen qui se sont déposés sur tout son corps. Ses pattes médianes assurent la transmission vers les pattes arrière spécialement équipées pour assurer le transport de ces boules de pollen (voir p. 47). Afin d'améliorer la cohésion des grains au sein des pelotes, les abeilles les humectent de nectar ou de miellat. Ce pollen, ainsi modifié, perd très rapidement ses propriétés germinatives et ne joue plus aucun rôle dans la pollinisation.

… puis le stocke dans les cellules

Rentrée à la ruche, la butineuse cherche une cellule vide à proximité du couvain et y dépose ses pelotes. Les abeilles d'intérieur se chargent de la suite. Elles humectent le pollen de sécrétions et de miel, le malaxent et le tassent au fond des alvéoles à coups de tête. Un peu de miel vient recouvrir le tout. Dans les cellules, le pollen subit une lactofermentation qui améliore ses propriétés et sa conservation. À ce stade, il est communément appelé pain d'abeilles.
Ce sont les jeunes nourrices qui le consomment au fur et à mesure des besoins, le pollen étant l'un des composants de la bouillie larvaire servie à toutes les larves d'ouvrières et de mâles à partir de leur troisième jour d'existence.

L'apiculteur le récolte…

L'apiculteur place à l'entrée de la ruche ou sous le plancher une trappe à pollen. Dans un rucher, il est fortement conseillé d'équiper ainsi toutes les ruches. Ces trappes sont munies d'une grille que les abeilles franchiront avec une certaine difficulté. Elles vont perdre une ou les deux pelotes de pollen qu'elles portent.

Ces pelotes tombent dans un bac inaccessible aux abeilles, que l'apiculteur doit vider quotidiennement ou tous les deux jours, sinon le pollen s'altérerait vite. Ce délai peut atteindre trois ou quatre jours si le temps est chaud et très sec. La grille gênant le passage des abeilles ne doit pas les blesser (elle sera de préférence en plastique) et le bac, bien protégé de l'humidité, doit résister à toute corrosion (plastique alimentaire ou Inox). Les trappes sont munies de deux trous latéraux afin de laisser sortir les mâles qui ne peuvent pas franchir la grille.
Il ne faut évidemment pas prélever la totalité du pollen entrant : il est impératif que les abeilles gardent leur part. Elles trouvent elles-mêmes la solution. Désorientées lors de la mise en place des trappes, elles perdent beaucoup de pelotes, mais, au fil des jours, elles s'habituent et sauvent une quantité croissante de pollen, garantissant ainsi la continuité de leur approvisionnement.

… ET LE TRAITE

Le pollen frais peut se conserver au congélateur sans altération ; sinon, immédiatement après sa récolte, il doit être séché. Dans des armoires ou coffres adaptés, il est étalé en couches peu épaisses sur des claies. Une soufflerie crée un courant d'air chaud (40 °C maximum). Dès que les grains deviennent fermes sans être durs, la dessiccation est arrêtée. L'humidité résiduelle ne doit pas dépasser 6 %. À ce stade, le pollen est épuré. Il contient le plus souvent de petites impuretés : fragments de cire ou d'abeilles. Les particules légères sont éliminées au moyen d'une soufflerie, genre tarare, mais un contrôle visuel reste indispensable.
Le stockage avant consommation ou commercialisation se fait, comme pour le miel, dans des récipients en verre ou en plastique dans un lieu frais et à l'abri de la lumière. On peut trouver, sous certaines enseignes spécialisées, du pollen frais, congelé, propre à la consommation.

La composition du pollen

En plus des glucides, le pollen apporte des protéines, des lipides, des sels minéraux, des vitamines et des fibres alimentaires. Sa composition varie fortement selon les fleurs butinées. Cette diversité est précieuse pour l'abeille, et indispensable à sa bonne santé. Pour l'être humain, il est recommandé de prendre une dose quotidienne de une à deux cuillerées à café, soit 10 g environ. Le pollen peut être consommé seul ou mélangé à d'autres aliments (yogourt, par exemple). Afin que les effets soient notables, une cure de plusieurs semaines est souhaitable.

LA COMPOSITION DU POLLEN	
Glucides (fructose, glucose, saccharose, etc.)	de 60 à 80 %
Protéines	de 10 à 40 %
Lipides	de 2 à 10 %
Sels minéraux (potassium, phosphore, calcium, etc.)	de 1 à 3,5 %
Vitamines (C, B1, B2, B6, E, carotène, etc.)	en mg/100 g
Divers (flavonoïdes, stérols, etc.)	en mg/100 g

La propolis

La propolis est une résine végétale que les abeilles récoltent sur les arbres essentiellement au niveau des bourgeons, mais aussi au niveau des feuilles et des branches. Elle colle aux doigts lorsque l'on touche aux bourgeons de peuplier ou de marronnier.

Pourquoi ce mot ?

L'une des utilisations de la propolis par les abeilles consiste à réduire l'entrée de la ruche. L'étymologie grecque *pro*, « en avant », et *polis*, « cité », fait penser à la notion de remparts en avant de la ville.
L'abeille saisit la propolis sur la plante avec ses mandibules, la tire, la mélange avec ses propres sécrétions et la ramène à la ruche dans les corbeilles de ses pattes arrière, à la manière du pollen. Arrivée à la ruche, la butineuse est débarrassée de ses pelotes par d'autres abeilles. Contrairement au nectar, au miellat et au pollen, la propolis n'est pas stockée dans les alvéoles, mais utilisée directement au fur et à mesure des besoins.

Du matériau de construction…

Les diverses espèces d'abeilles propolisent plus ou moins intensément leur intérieur. Parmi les quatre principales races européennes, *mellifera caucasica* est réputée être la plus généreuse en la matière. Employée pure ou mélangée à la cire, la propolis sert en priorité à colmater les moindres fissures. Plus la taille de la fissure ou de l'espace à colmater est grande, plus l'apport complémentaire de cire est important. La propolis est également déposée en couche fine sur les parois internes de la ruche et des cadres à la manière d'une peinture murale antiseptique.
Les moindres espaces au niveau des fixations des cadres sont aussi généreusement enduits, ce qui ne fait pas toujours le bonheur de l'apiculteur. Visqueuse et collante par temps chaud, dure et cassante à froid, la propolis gêne pour prélever les cadres et même décoller les divers éléments (hausses, corps) les uns des autres.

… à l'embaumement

Dernier emploi, moins fréquent mais pas exceptionnel, l'embaumement d'intrus (petits rongeurs par exemple) morts dans la ruche, mais trop importants pour que les abeilles puissent les évacuer. Cette momification empêche la putréfaction et tous les désordres bactériens que cela pourrait engendrer. Les Égyptiens de l'époque pharaonique ont-ils inventé la momification ou bien, tout simplement, observé leurs abeilles ?

Le travail de l'apiculteur

La propolis est souvent éliminée au moment de la récolte du miel ou du grattage des cadres et hausses lors de l'entretien hivernal du matériel. On peut néanmoins la récupérer pour ses propriétés antiseptiques. Toutefois, elle n'est pas très pure, car mélangée à plus ou moins de cire ; le grattage entraîne aussi des débris divers, bois, cadavres d'abeilles, métal, que l'on aura bien du mal à éliminer. L'apiculteur peut l'utiliser en solution alcoolique sous forme de peinture pour entretenir les bois des ruches.

La manière la plus appropriée pour récolter de la propolis pure consiste à placer au-dessus des cadres une grille spéciale en plastique. Les abeilles s'empresseront de colmater toutes ces petites fissures. À terme, l'apiculteur récupère la grille, la place au congélateur. Le froid rend la propolis dure et cassante. À la sortie du congélateur, il suffit de tordre la grille pour que tous les petits morceaux de propolis tombent.

Précautions

Chez certaines personnes la propolis peut déclencher des réactions allergiques. L'apiculteur qui la touche souvent sera amené à protéger ses mains avec des gants. Il sera bon de tester la tolérance au produit chez le consommateur.

Des usages pharmaceutiques

Les apiculteurs qui font régulièrement une récolte de propolis livrent leur production à des laboratoires pharmaceutiques qui l'utilisent dans des préparations. La propolis est présentée sous deux formes :

- **en teinture :** solution alcoolique épurée dosée entre 5 et 40 % de propolis ;
- **en pommade :** d'abord congelée, elle est réduite en poudre et mélangée à l'eau ou à un excipient pour onguent.

Les propriétés antibactériennes et cicatrisantes de la propolis sont unanimement reconnues. Les emplois les plus fréquents se font au niveau de la sphère ORL et en dermatologie. Citons enfin une utilisation « historique » de la propolis. Certains luthiers célèbres, Stradivarius par exemple, traitaient leurs violons avec une laque à base de propolis, ce qui aurait contribué à donner des qualités exceptionnelles aux instruments qu'ils fabriquaient.

Composition et propriétés de la propolis

Très complexe, la propolis varie fortement selon l'origine végétale et la saison de récolte. Résines végétales, baumes balsamiques, huiles essentielles, cires en sont les composants constants. En plus, près de 200 éléments divers ont été identifiés à ce jour. Les plus utiles peuvent être isolés par mise en solution alcoolique, permettant ainsi l'élimination des composants indésirables (cire, etc.) par filtrage. Parmi ces éléments, on trouve des hydrocarbures, esters et acides gras, polyphénols et flavonoïdes, acides aromatiques, acides aminés, sucres, sels minéraux, vitamines.

La cire

La cire fut un produit de la ruche recherché dès l'Antiquité et jusqu'à l'apparition des moyens modernes d'éclairage. Dans les civilisations anciennes, égyptienne en particulier, elle entrait, avec la propolis, dans la composition des ingrédients servant aux momifications.

Qu'est-ce que la cire ?

C'est en mai et en juin, lors de la phase d'expansion des colonies, que l'activité cirière est maximale. L'édification des rayons à partir des paillettes (voir p. 31) se fait en fonction de la demande : besoin de place pour stocker les apports de nectar et de pollen, et pour recevoir la ponte de la reine, maximale au printemps. Une température extérieure suffisante (15 °C minimum) est également nécessaire.

Comment obtenir des pains de cire ?

L'apiculteur dispose de deux résidus de cire : les cadres cirés anciens qu'il doit remplacer et les opercules provenant du travail en miellerie lors de l'extraction du miel. Leur fonte se fait à l'eau chaude ou à la vapeur d'eau, ou encore à l'énergie solaire : dans un coffre bien isolé, les restes de cire sont exposés au soleil à travers un double vitrage, et la cire en fusion est récupérée à la base du coffre.

Qu'en fait-on ?

Aujourd'hui, la cire provenant de la refonte est en bonne partie rendue aux abeilles sous forme de plaques de cire gaufrée. Les artisans ciriers reçoivent les blocs de cire fondus et partiellement épurés par les apiculteurs, complètent l'épuration, pratiquent le laminage à froid ou à chaud, imprimant l'architecture des fonds de cellules, et remettent sur le marché des feuilles prédécoupées aux dimensions des divers cadres couramment utilisés dans les ruches.

La cire est aussi l'un des composants fondamentaux des encaustiques. Elle peut encore être utilisée pour la fabrication industrielle de bougies. Chez l'apiculteur, les bougies fantaisie, décorent stands de vente et d'exposition.

Qualité et composition

Substance malléable au-dessus de 20 °C, la cire fond entre 61 et 65 °C. Le froid la rend dure, puis cassante. Pratiquement blanche à l'origine, elle jaunit, puis brunit avec le temps. La cire renferme plusieurs centaines de composants chimiques. Les divers esters (composés d'acides gras et d'alcools) représentent environ les deux tiers de la masse. Ils sont accompagnés d'hydrocarbures, d'acides gras libres et d'alcools. Les nombreuses substances aromatiques présentes donnent à la cire ses parfums si agréables.

Le venin

Moyen de défense de l'abeille, le venin est produit par des glandes situées en amont de l'appareil vulnérant des abeilles femelles. Une ouvrière possède une réserve de venin de l'ordre de 0,10 à 0,15 mg. La reine, qui ne s'en servira qu'au cours de combats royaux, peut en détenir jusqu'à cinq fois plus.

Un « danger » bien utile

Le mot venin est obligatoirement associé à l'idée de piqûre et à bien des désagréments : douleur, rougeur et enflure plus ou moins importantes et persistantes. En cas d'allergie, les conséquences peuvent être plus critiques (voir p. 85).

Cependant, la médecine tente d'utiliser le venin pour des cures de désensibilisation. Des études et des tests ouvrent des perspectives d'emploi en apithérapie et en allergologie. Pour conduire ces travaux et constituer des réserves destinées à une utilisation médicale, il faut provoquer les abeilles afin qu'elles éjectent leur venin sans pour autant en mourir. Le procédé le plus courant consiste en un treillis métallique parcouru d'influx électriques et sur lequel on fait marcher l'abeille. Celle-ci, excitée, pique au travers d'une membrane en polyéthylène placée au-dessus d'une plaque de verre. Cette membrane ne retient pas le dard. La plaque de verre sur laquelle sèche le venin est ensuite traitée en laboratoire.

Composition et propriétés

Le venin renferme de 60 à 65 % d'eau. La matière sèche contient essentiellement des protéines, mais aussi des sucres et des lipides, ainsi qu'un grand nombre de substances diverses. Si l'intérêt thérapeutique du venin est indéniable, les risques d'administration sont grands. L'emploi du venin devrait toujours se faire sous contrôle médical.

D'où vient le venin ?

Le sac à venin est la plus grande glande de l'ouvrière. La glande acide (voir p. 27) où est élaboré le venin débouche dans le sac où celui-ci est stocké. Quand l'abeille pique, le venin s'écoule vers les soies barbelées composant le dard. Ce dernier, coulissant entre des pièces dures, est projeté vers l'extérieur en direction de l'objectif à atteindre. Les barbelures font que le dard enfoncé dans un matériau élastique comme notre peau ne peut ressortir. L'abeille déchire ses entrailles et meurt peu de temps après la piqûre. Seules les femelles ont un dard. Les reines ne piquent pas l'homme : elles réservent leurs possibilités de piqûres aux combats « royaux », pour éliminer les rivales potentielles.

3

Encyclopédie Hachette des connaissances agricoles

Le parfait apiculteur

La panoplie

Bien se protéger au début permet d'approcher les abeilles avec calme, rapidité et efficacité, clés d'une bonne pratique apicole. En connaissant mieux ses abeilles, en prenant de l'assurance, en redoutant moins quelques piqûres, l'apiculteur peut alléger sa protection et gagner en confort de travail.

PAS DE COULEURS SOMBRES

Les vêtements de protection sont toujours de couleur claire, les abeilles semblant se montrer plus agressives en face de couleurs sombres (bleu soutenu et noir en particulier).

LE CHAPEAU-VOILE

C'est la protection minimale de la tête et du visage. Le voile est écarté du visage par un chapeau à larges bords ; en coton ou en fibre synthétique, il est de préférence de teinte noire : la diffraction de la lumière par les mailles d'un voile clair rendrait difficile la vision. Le voile est cousu au chapeau ou indépendant. Il se prolonge vers le torse pour établir, grâce à un élastique, une certaine étanchéité au niveau du col ou des épaules.

LA VAREUSE

Avec sa cagoule- voile incorporée, elle assure une protection maximale.
La cagoule-voile est indépendante et reliée à la vareuse par une fermeture Éclair. La cagoule peut ainsi être relevée lors d'un temps de repos entre deux ruches. Cela permet aussi de désolidariser les deux pièces lors du lavage, le voile ne supportant pas la même température que le tissu de la vareuse.

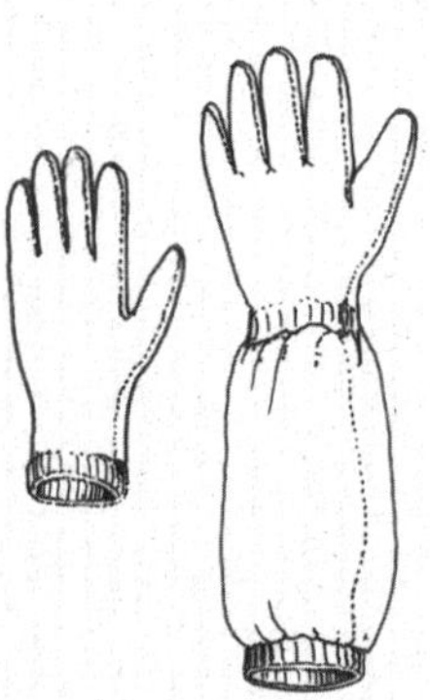

LES GANTS

Ils ne sont jamais cousus au bout des manches. Cette fixation aurait un avantage (les abeilles ne risqueraient pas de traverser), mais ne pouvoir retirer un gant ou deux est bien gênant lorsque l'on veut travailler avec un peu de finesse. Choisissez-les en caoutchouc assez épais, tels qu'on en trouve dans les magasins de bricolage, et doublés à l'intérieur : la sudation des mains sera moindre. Leur entretien est infiniment plus facile que celui des gants de cuir. Inconvénients : outre que leur vieillissement, après imprégnation de cire et de propolis et

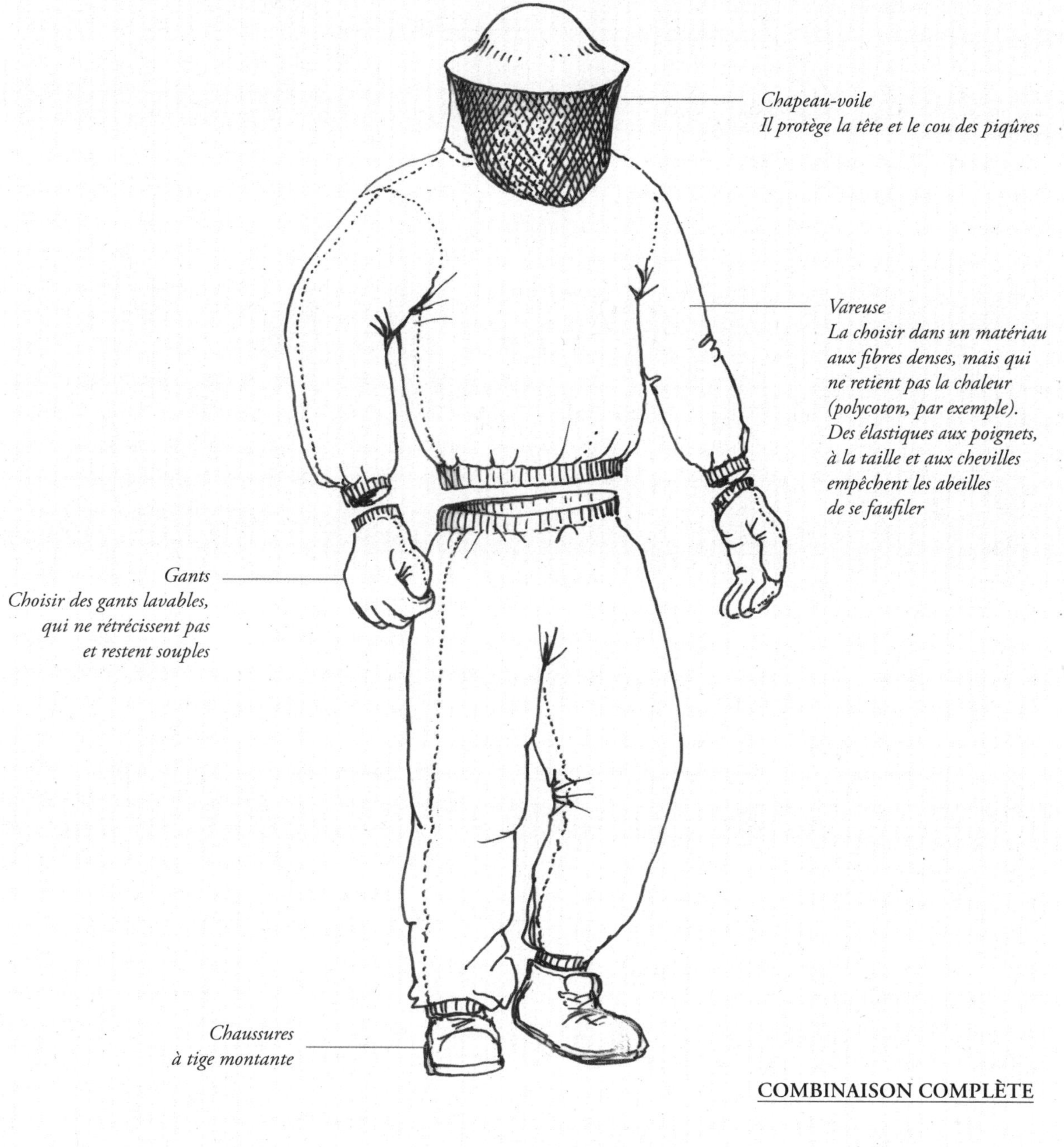

COMBINAISON COMPLÈTE

plusieurs lavages, n'est pas excellent, ils n'ont en général pas de manchettes. Pour y pallier, les fabricants de vareuses cousent au poignet une boucle en bande élastique (que l'on peut ajouter soi-même). Le pouce passé dedans empêche la manche de reculer vers l'avant-bras. La protection aux poignets reste constante. Un apiculteur averti et un peu habitué aux piqûres travaille souvent sans gants. Bien meilleure perception digitale, travail plus fin et, surtout, perception immédiate de la montée de l'agressivité des abeilles. Ce dernier point, peu important en apiculture rurale, est primordial dans un environnement urbain. Des abeilles agressives peuvent perturber le voisinage. Il faut alors suspendre immédiatement l'intervention. Trop bien protégé, l'apiculteur peut réaliser trop tardivement que rien ne va plus.

La combinaison complète

C'est une pièce unique conçue comme une combinaison de mécanicien. Un ensemble de fermetures Éclair permet de l'enfiler et de la retirer sans trop de peine. Protection totale, elle a cependant la lourdeur d'un scaphandre. L'adjonction d'un pantalon à une vareuse peut assurer un niveau de protection presque similaire.

Les chevilles

Des chaussures fermées protègent les pieds efficacement. Par ailleurs, les pantalons des tenues appropriées sont munis d'élastiques empêchant les abeilles de remonter sur les jambes, mais il reste une faille : les chevilles. Les abeilles ne s'y intéressent pas souvent mais, quand elles ont découvert le point faible, l'odeur du venin aidant, elles s'acharnent dessus. Surtout si l'apiculteur utilise de belles chaussettes noires ! Une seule solution : les chaussures à tige montante ou les bottes.

NEUTRE OU OUVRIÈRE

Règles d'or

- Quand la protection n'est pas assurée en totalité par une combinaison, il convient d'éviter tous les vêtements en laine ou à poils longs dans lesquels les abeilles s'accrochent et s'affolent.
- Le port du pantalon est obligatoire.
- Si vous travaillez à mains nues, pensez à ôter votre montre surtout si le bracelet est noir. Les premières piqûres viennent toujours à ce niveau.
- Bannissez complètement parfums ou eaux de toilette : les abeilles n'aiment pas.

Le petit matériel de l'apiculteur

Pour travailler efficacement et sans risque, l'apiculteur a besoin d'une petite panoplie qu'il gardera toujours à disposition lorsqu'il intervient sur ses ruches. Règle d'or : être organisé !

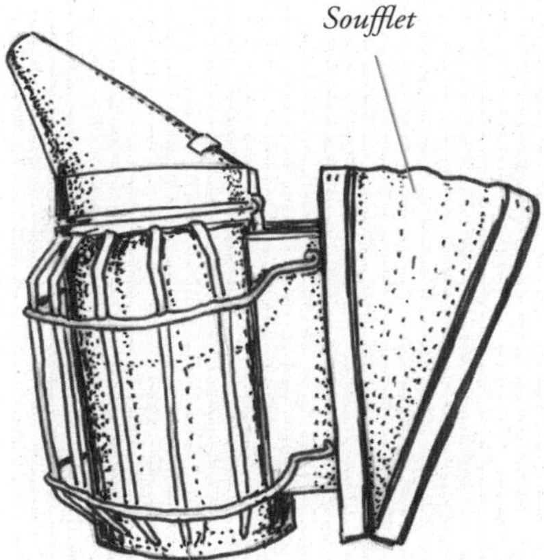

L'enfumoir

Ouvrir une ruche vêtu d'une chemisette, pourquoi pas ? Une seule condition : avoir une certaine expérience. Le faire sans un enfumoir allumé à la main, jamais ! Un enfumoir est indispensable pour canaliser les abeilles et les inciter à rentrer entre les cadres avant de reposer hausse ou couvre-cadres. (Voir p. 114, Utiliser un enfumoir.)

Le lève-cadre

L'abeille ferme tous les joints avec de la propolis. Vouloir décoller un couvre-cadre ou une hausse à main nue est impossible. Un lève-cadre américain est nécessaire. Le côté droit de la lame, large de 4 cm environ, est fin et tranchant. Il s'insère parfaitement, sans les marquer, entre les diverses pièces de menuiserie de la ruche ; le côté opposé, recourbé et arrondi, permet d'exercer de fortes pressions avec la main. Il peut également être utilisé pour décoller les cadres, mais sa grande largeur est, dans ce cas, un désavantage. À ce stade du travail, un outil plus fin comme un simple tournevis est préférable. L'extrémité arrondie est elle aussi terminée par un tranchant. Utilisée en grattoir, elle permet d'éliminer les excès de cire et de propolis sur les cadres et les bords des corps, hausses et couvre-cadres.

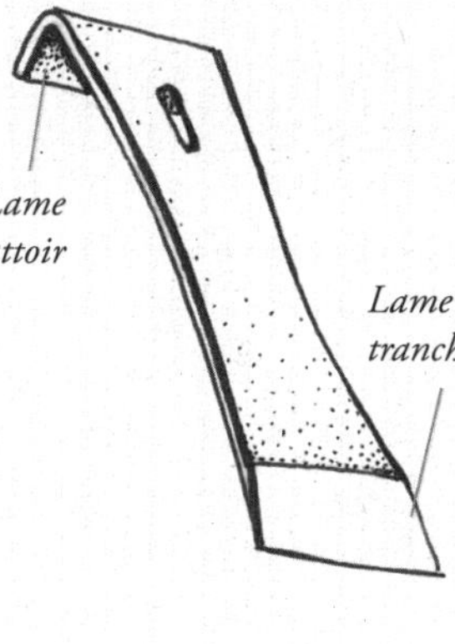

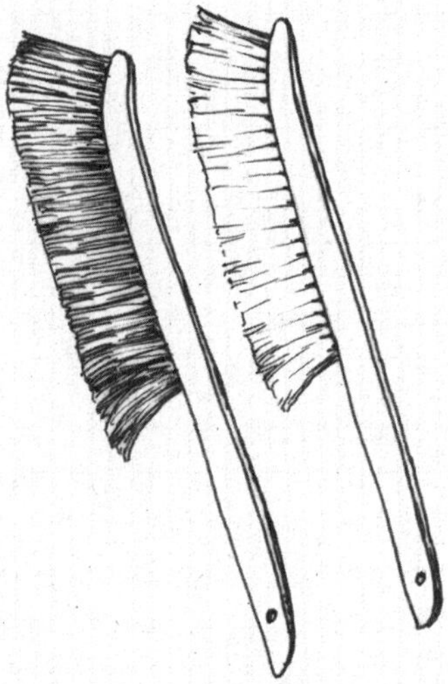

La brosse à abeilles

En complément de la fumée, la brosse permet de chasser doucement les dernières abeilles se cramponnant aux rayons lors de la récolte, ainsi que celles se promenant sur les bords des menuiseries, avant de refermer une ruche. Ses poils, en crin ou en nylon, risquent de brûler s'ils touchent le corps d'un enfumoir bien chaud.

L'abreuvoir

Éléments flottants à poser à la surface de l'eau

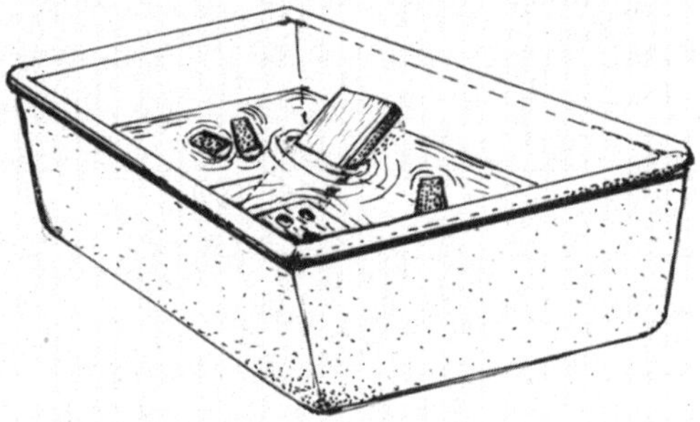

Prévoyez un bac ou un bassin, en plaçant des éléments flottant en surface (ou un panneau de bois percé de trous) afin que les abeilles ne se noient pas. Avantage de l'abreuvoir : les abeilles trouvant sur place ce dont elles ont besoin, elles auront moins tendance à aller se servir sur les bords de la piscine voisine, par exemple. Les besoins en eau d'une ruche sont constants et augmentent à certains moments :

- Quand la ponte de la reine bat son plein. Qui dit ponte d'œufs dit, trois jours après, de jeunes larves à nourrir. Abandonnant rapidement la gelée royale, ces larves passent au régime de la bouillie larvaire élaborée avec du miel, du pollen et de l'eau.
- Quand la température extérieure augmente notablement, les abeilles doivent abaisser la température interne. Elles créent certes des courants d'air, mais, pour accélérer le rafraîchissement, elles ramènent aussi de l'eau dans leur jabot et la vaporisent dans la ruche.

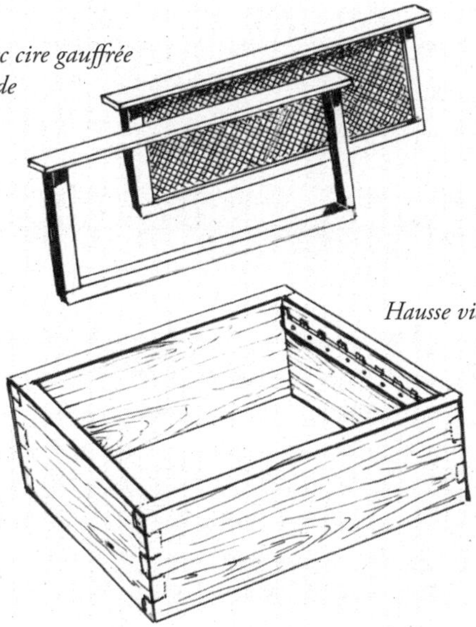

Cadres et hausses

Chaque année, il convient de changer deux ou trois des cadres de corps en les remplaçant par des cadres neufs équipés d'une plaque de cire gaufrée. (Voir aussi p. 121.)
Le même travail de renouvellement est effectué pour les hausses. (Voir aussi p. 124.)

La boîte à outils

Vous la composerez en fonction de vos besoins et de votre aptitude au bricolage. Pour parer aux imprévus, surtout lorsque le rucher est situé à distance de l'habitation, prévoyez : un sécateur, une serpette, une scie, un marteau, un tournevis, quelques clous et vis. L'apiculteur plus chevronné, qui souhaite faire des essaims artificiels ou de l'élevage de reines, doit prévoir un matériel plus spécialisé.

Le seau d'eau

Le miel étant poisseux, il convient de pouvoir rincer fréquemment vos gants ou vos doigts. Cette eau sera légèrement javellisée. En y plongeant les outils entre chaque ruche, vous limiterez la transmission de vecteurs pathologiques d'une colonie à l'autre.

Autre matériel

Grille à reine : utilisée au moment de poser les hausses afin d'empêcher la reine d'y pondre. Voir p. 125.

Nourrisseur : système permettant d'offrir aux abeilles un complément d'alimentation sous forme de candi ou de sirop. Voir p. 117.

Chasse-abeilles : système permettant de cantonner les abeilles dans le corps de ruche en les empêchant de remonter dans les hausses au moment de la récolte. Voir p. 134.

Prévention et soins d'urgence

L'abeille est un insecte fragile, pesant à peine un dixième de gramme, mais la nature l'a dotée de moyens efficaces pour se défendre : la piqûre et l'injection de venin. Quand elle est aux champs, elle n'est pas agressive. Pour l'homme qui traverse une prairie fleurie, le risque est presque nul. Mais s'il l'écrase malencontreusement, la piqûre est assurée. Se répand alors une odeur particulière qui accroît la fureur des congénères. Une intervention prolongée à la ruche au moment de la récolte est aussi un moment délicat, considéré par les abeilles comme une effraction et un vol de leurs réserves.

Tempérament d'abeille

Certaines conditions provoquent l'agressivité des abeilles, comme les temps orageux. Tels les humains, les abeilles ont des comportements différents. Il y a les irascibles, les indolentes et les besogneuses. Celles qui se calment vite et celles qui restent énervées un long moment. Certaines colonies sont très placides, d'autres ont tendance à monter au créneau à la moindre alerte. Ces caractères dépendent évidemment de la mère : un remplacement de reine peut tout changer dans le comportement d'une colonie ; la solution réside dans l'achat de reines sélectionnées chez un bon éleveur. En observant ses abeilles tout au long de la saison, l'apiculteur connaîtra leurs réactions. Il saura ainsi qu'il peut prendre des photos au trou de vol de la ruche X, mais qu'il vaut mieux ne pas jouer à ce jeu avec la ruche Y.

Moments fastes et néfastes

En pleine saison mellifère, quand les abeilles sortent pour aller butiner et trouvent des ressources importantes, elles se soucient moins des interventions de l'apiculteur. Dès que la manne externe se tarit, en juillet dans bien des régions, leur réaction change : les butineuses restent en plus grand nombre dans la ruche et s'intéressent davantage aux intrus. Au niveau du trou de vol, campent les gardiennes qui développent une agressivité latente plus grande que les autres. Leur fonction essentielle est d'empêcher l'entrée de prédateurs et de pillards. Leur but est d'aller au devant de l'intrus. Leur arme est la piqûre.

Les abeilles peuvent reconnaître l'apiculteur à son odeur et à sa façon de visiter la ruche. Certains se plaisent à dire qu'elles pourraient aussi s'accoutumer à sa voix (nombre d'apiculteurs parlent à leurs abeilles comme à leur chien ou leur chat !).

La bonne approche

Même à plusieurs mètres de la ruche, vous risquez de marcher dans un des nombreux couloirs aériens que les butineuses empruntent. Celles-ci ne chercheront pas à vous piquer mais vous heurteront involontairement.

- Restez calme, gardez-vous de crier ou de gesticuler, au risque de les affoler. L'abeille reprend alors sa ligne de vol et poursuit son chemin.

- Veillez à votre tenue : une belle chevelure, opulente et frisée constitue un magnifique piège, de même qu'un pull en laine. Pour observer de plus près le remue-ménage autour et sur la planche de vol, revêtez la combinaison de protection (voir p. 76).
- Approchez-vous d'une ruche toujours par l'arrière pour ne pas gêner les abeilles dans leur vol. Ne bousculez ni la végétation avoisinante ni les constructions proches de la ruche, encore moins la ruche elle-même.
- Lors de toute manipulation de la ruche, contrôlez vos gestes : ceux-ci doivent être nets, précis, sans excitation aucune. Il faut que les abeilles vous acceptent dans leur environnement.

Quand l'abeille pique

Lors de la piqûre, l'abeille cambre son abdomen et pénètre la peau grâce à son dard. Contrairement à celui de la guêpe, ce dard est barbelé. Quand il pénètre un tissu élastique, il ne peut se retirer. L'appareil vulnérant reste attaché à la zone piquée. Après le départ de l'abeille des contractions continuent à se produire et l'injection du venin se poursuit : 90 % de la quantité totale (0,15 à 0,30 mg) serait injectée dans la première minute. Pourquoi le venin est-il dangereux ? Parce qu'il renferme une substance appelée mélitine qui attaque les cellules, ainsi que des histamines qui provoquent des réactions allergiques et des inflammations.

Conséquences bénignes

La douleur, perçue comme un coup de poignard, est la première réponse de l'organisme à la toxicité du venin. D'autres réactions se manifestent rapidement : enflure (œdème), rougeur, chaleur, démangeaison. Si ces signes restent localisés à la zone de la piqûre, il n'y a pas de raison de s'inquiéter. Ils vont s'estomper, puis disparaître dans un délai de 1 à 3 jours. Ils sont plus persistants chez des individus qui ne sont pas piqués régulièrement.

La trousse de secours

N'hésitez pas à demandez conseil à votre médecin ou à votre pharmacien pour compléter votre trousse. Le médecin pourra vous prescrire des médicaments spécifiques selon les réactions à la piqûre. Le recours à l'homéopathie peut également être envisagé.

- Désinfectant ;
- Pansements en cas de petites coupures avec des instruments plus ou moins tranchants ;
- Préparations pharmaceutiques destinées à atténuer la douleur et à freiner le développement de la réaction aux toxines du venin : pommade à base de calendula, Apaisyl®, pommade au phénergan ou à base de corticoïdes ;
- Aspi Venin® : une petite pompe manuelle d'aspiration du venin qui peut être employée sur la piqûre dès le retrait du dard. Elle permet d'aspirer une quantité non négligeable du venin injecté.

Un rucher collectif doit posséder dans ses réserves pharmaceutiques une solution injectable d'adrénaline (Anahelp® – Anakit®) en prévention ou en traitement d'un choc anaphylactique dû à une piqûre.

Premiers secours

En cas de piqûre, il faut extraire immédiatement le dard afin de limiter la quantité de venin reçue.

1

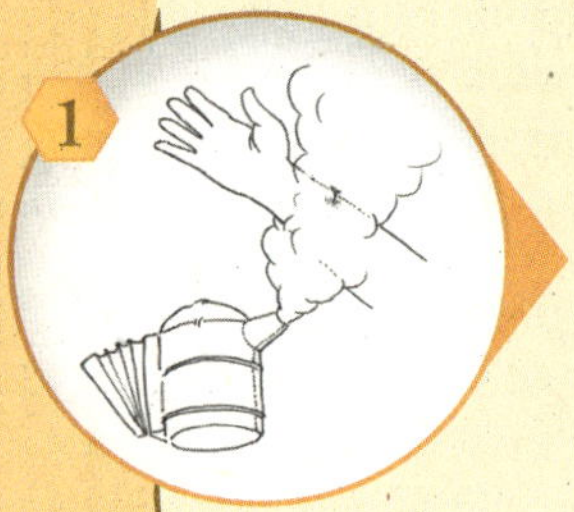

Noyez la région piquée de fumée. Vous masquez ainsi l'odeur excitante du venin : les autres abeilles auront moins tendance à s'affoler et à venir piquer au même endroit. Autre solution : frottez la zone avec du vinaigre ou de l'ammoniaque.

2

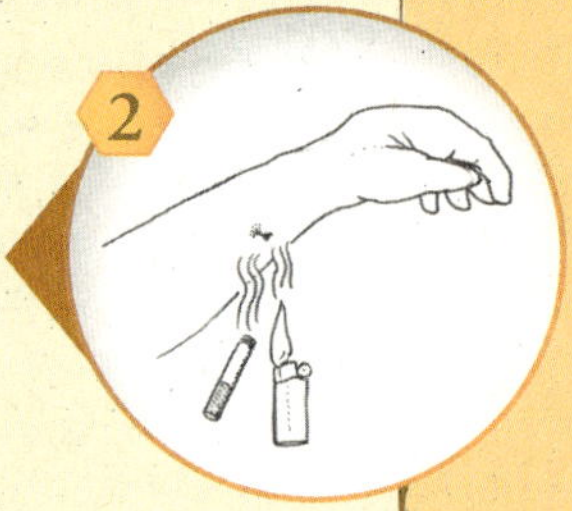

Approchez de la zone piquée une source de chaleur : bout incandescent de cigarette, chaleur de la fumée de l'enfumoir. Pour les uns, la chaleur dégraderait le venin ; pour les autres, cette même chaleur active la circulation sanguine locale et permet une diffusion plus rapide et plus large du venin, diminuant ainsi la douleur au point de piqûre.

3

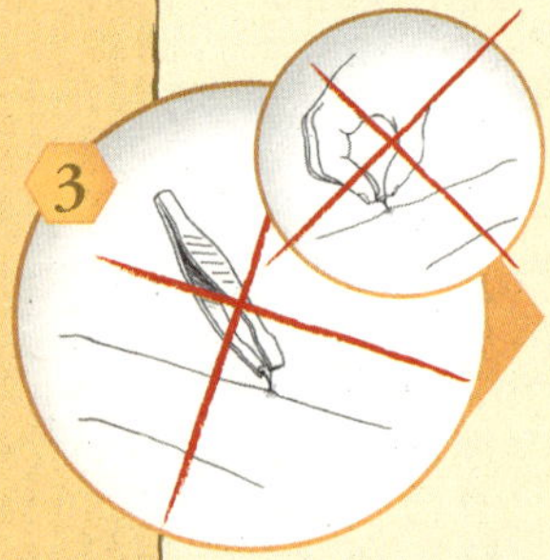

Évitez de presser sur le dard avec les doigts ou une pince : vous poussez alors tout le venin sous la peau.

4

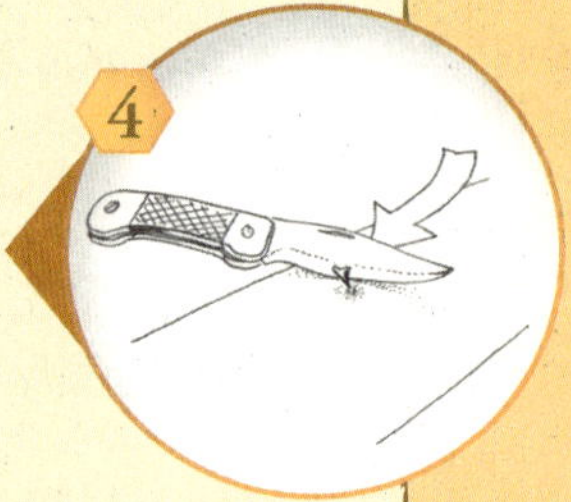

Passez une lame de canif à plat sur la peau et entraînez ainsi le dard. Le tranchant du lève-cadre américain (voir p. 79) fait parfaitement l'affaire.

5

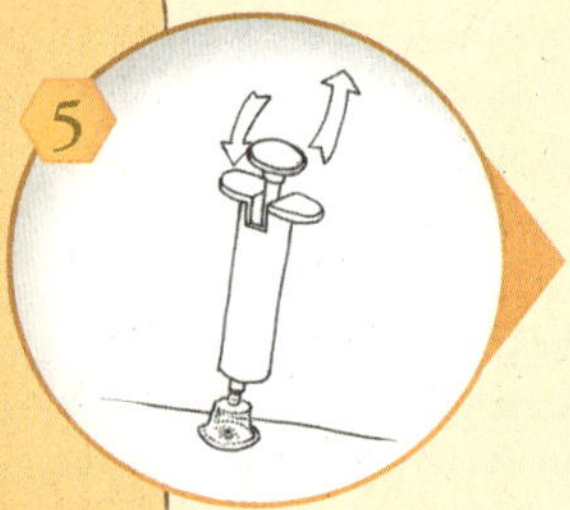

Appliquez l'Aspi Venin® sur la piqûre pour aspirer le reste éventuel de dard.

6

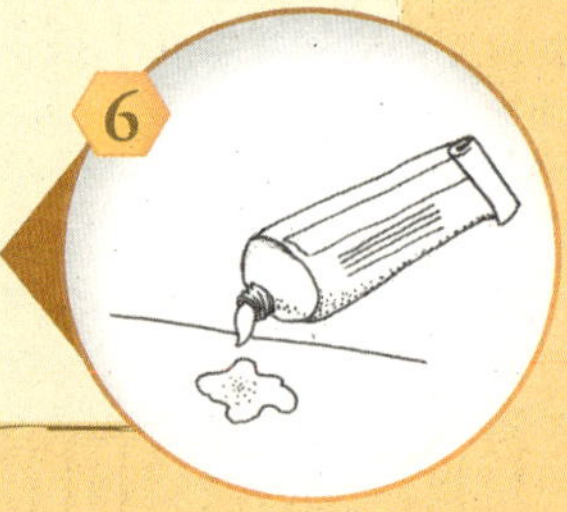

Frottez la zone piquée avec une crème anti-inflammatoire.

QUAND S'INQUIÉTER ?

Appelez immédiatement les secours en cas de :

1. Extension de l'enflure dans les premières heures suivant la piqûre. Une enflure ne doit pas passer une articulation : une piqûre à la main entraîne normalement une enflure de la main. Une extension vers l'avant-bras est possible. En revanche, si l'œdème passe au-delà du coude et s'étend vers le bras, le cas s'aggrave. Une enflure consécutive à une piqûre au front va « descendre » et entraîner une fermeture spectaculaire de l'œil par gonflement de la paupière sans qu'il y ait eu piqûre à ce niveau. Le médecin pourra pratiquer une injection de cortisone afin de désenfler la zone touchée en 24 heures.
2. Réactions dermatologiques du genre urticaire.
3. Petites taches de sang sur tout le corps.
4. Accélération du rythme respiratoire et cardiovasculaire.
5. Sensation de malaise persistant (risque de syncope).
6. Crampes, paralysie.
7. Choc anaphylactique (réaction allergique extrême et exceptionnelle) entraînant un coma, voire la mort du sujet.

Prévenir les allergies

Les manifestations allergiques apparaissent à la seconde piqûre, jamais à la première. Ces réactions ne sont pas si rares puisqu'elles touchent 3 % des apiculteurs. Si vous craignez d'éventuelles réactions allergiques aux piqûres d'abeilles, consultez votre médecin qui vous orientera vers un centre hospitalier spécialisé pour réaliser des tests. En fonction des résultats, un traitement de désensibilisation pourra être entrepris.

Dans les cas difficiles, pensez à appeler le Samu (centre 15).

Le calendrier de l'apiculteur

Aux saisons printanières et estivales, l'apiculteur doit s'occuper régulièrement de ses ruches. Toutefois, ce temps de travail intense au rucher ne se déroulera bien que s'il a été préparé en amont pendant l'hiver.

 Météorologie
 Floraison
 Vie des abeilles
 Travail à la ruche
 Travail à la miellerie

Novembre - décembre - janvier - février	
	Froid, pluvieux ; températures inférieures à 10 °C.
	La nature est endormie.
	Les abeilles sont groupées dans la ruche, résistant sans trop de difficultés au froid (voir p. 37). Elles ne sortent qu'à l'occasion d'un bel après-midi, pour de brefs vols de propreté. Quand la neige persiste autour des ruches, attention aux heures ensoleillées : le relatif redoux et la lumière incitent les abeilles à sortir. Celles qui se poseront sur la neige seront prises par le froid et mourront sur place.

Novembre - décembre - janvier - février

- Placez une lame de bois sur la planche de vol afin d'obscurcir l'entrée et de limiter les sorties.
- Respectez le repos hivernal. Ne soulevez pas les toits des ruches, encore moins le couvre-cadre ou nourrisseur. Le film de propolis qui scelle ces couvercles au corps de ruche serait rompu, favorisant les courants d'air. Les petits chocs occasionnés par ces ouvertures feraient tomber sur le plancher quelques abeilles qui ne pourraient pas remonter vers la grappe et mourraient sur place.
- Vérifiez que les ruches sont en place sur leurs supports, que le vent n'a pas déplacé un toit. Éliminez les branches qui peuvent venir raguer contre les ruches.
- Achetez le matériel de remplacement : ruches entières, cadres, hausses…
- Passez les couches de protection nécessaires sur l'extérieur des bois. Les ruches traitées avec les peintures aux pigments d'aluminium, les lasures spéciales ou les imprégnations à la cire microcristalline peuvent être repeuplées rapidement.
- Clouez, collez, vissez, posez les fils et les cires gaufrées pour avoir du matériel neuf de remplacement.
- Entretenez le matériel en service. Éliminez les concrétions de cire et de propolis sur les cadres et les hausses.
- Préparez quelques ruchettes (voir p. 104) qui serviront aux beaux jours à accueillir les nouveaux essaims.

Préparez la saison à la miellerie et à l'atelier. Rincez, séchez et rangez les instruments et le petit matériel. Posez les couvercles sur les extracteurs et maturateurs. Si le bac à désoperculer ne possède pas de fermeture, recouvrez-le d'un grand linge propre. Ajoutez des voiles de plastique pour une protection anti-poussières supplémentaire. (Voir p. 138.)

Un hiver bien occupé

Le matériel est prêt, pourquoi ne pas consacrer la morte saison à la lecture des revues que vous avez à peine entrouvertes en été ? Il y a toujours à apprendre de l'expérience des autres, et les problèmes sanitaires sont tels depuis l'arrivée du varroa qu'il est utile de se tenir au courant. Pensez aussi à renouveler votre abonnement auprès de votre groupement apicole, syndical ou associatif.

	Mars
	Les jours commencent à rallonger. Les températures remontent.
	Premiers pollens, en particulier ceux des noisetiers et des premiers saules. En mars, seuls les saules marsaults livrent aux butineuses un peu de nectar, en plus du pollen.
	Un redoux marqué peut paradoxalement causer des problèmes, car il incite les abeilles à récolter les premiers pollens. L'entrée du pollen conduit la reine à reprendre sa ponte. Les abeilles, au lieu de se regrouper la nuit, couvrent les zones de ponte pour nourrir et réchauffer le couvain. Cette activité et les besoins en miel pour préparer la bouillie larvaire font rapidement baisser les dernières réserves. Si le printemps est vraiment précoce, quelques temps après les pollens entrent les premiers nectars. Les naissances se succèdent, la nourriture est suffisante, les colonies se développent. En revanche, si après un redoux et une ponte importante, le temps se dégrade durablement, rien ne va plus. Dans les cas extrêmes, les abeilles ne peuvent pas s'occuper du couvain et le laissent mourir de froid et de faim. Si les conditions sont moins rudes, le couvain va à terme et permet l'éclosion de centaines, de milliers de jeunes abeilles : autant de bouches à nourrir. La colonie est dans l'impasse : elle peut mourir en totalité en quelques jours.
	Estimez l'état des provisions : elles peuvent manquer au début du printemps. Intervenez vite en nourrissant les abeilles (voir p. 116).

	Avril
	Quelques belles après-midi ensoleillées et sans vent ; des nuits pas trop froides.
	Les colzas en zone rurale ; les fruitiers commencent un peu partout à prendre des couleurs, de même que les buis.
	Quelques abeilles partent butiner. Si les températures sont fraîches, les pluies et les vents de nord ou d'est fréquents, les conditions de butinage sont médiocres et le remplissage des hausses très lent. A contrario, si les pluies s'espacent, les températures nocturnes ne descendent pas sous les 10 °C et les diurnes flirtent avec les 20 °C, les bataillons d'abeilles reviennent du matin au soir à la ruche, le jabot plein de nectar et les pattes chargées de pollen.
	• Tant que la population n'est pas trop nombreuse, faites des visites sanitaires et d'entretien. Intervenez en milieu de journée, vers le midi solaire : 10 à 12 °C sont suffisants. Les quelques abeilles qui se sont envolées rejoindront leurs sœurs. Évitez les temps pluvieux ou venteux. • Nettoyez fonds ou plateaux des ruches. Passez un bon coup de brosse trempée dans de l'eau javellisée sur les plateaux grillagés. N'oubliez pas d'allumer l'enfumoir. • Vérifiez : - les provisions de miel pour les adultes et le couvain naissant ; - celles de pollen, indispensable à la confection de la bouillie larvaire ; - l'importance du couvain, reflet de la qualité de la ponte de la reine et de la puissance future de la colonie. • Renouvelez les cadres de corps (voir p. 121).
	Assurez-vous que tout le matériel qui va servir sur les ruches est fin prêt. Sinon il est encore temps de retrousser vos manches.

	Mai-juin
	Les beaux jours sont là, la nature s'éveille, les grandes floraisons se succèdent.
	En ville, arbres fruitiers et marronniers ; en zone rurale, colza, haies d'aubépine. Robiniers (faux acacias) ; tilleuls ; châtaigniers. Dans certains massifs forestiers les abeilles disposent de miellats (miel de sapin des Vosges, par exemple).
	• Les colonies sont en pleine expansion : la reine peut pondre 2 000 œufs par jour. Les risques d'encombrement et de surpopulation sont grands : la période des essaimages arrive (voir p. 36). Dans la ruche, les premières éclosions de cellules royales ont lieu. La première reine naissant s'empresse de rechercher les autres cellules royales pour tuer ses rivales. Dans les jours qui suivent, cette jeune reine vierge rejoint une zone de rassemblement de mâles pour être fécondée. (Voir aussi p. 29.) • Les butineuses emplissent les rayons de nectar.
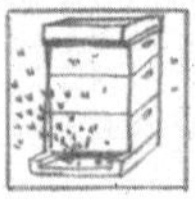	• Récupérez rapidement le nouvel essaim formé qui s'est accroché à une branche, avant qu'il ne reparte vers un point définitif parfois fort éloigné. Placez-le dans une ruchette (voir p. 109). • Installez dans les ruches les premières hausses (voir p. 124). Elles vont vite se remplir. Devant cette abondance, ajoutez des hausses ou récoltez (voir p. 128).
	L'extraction du miel et la mise en pots (voir p. 137) commencent. Selon les sources florales de votre région, cette activité dure deux ou trois mois.

	Juillet-août
	En théorie, grandes chaleurs et sècheresse.
	Fin des grandes floraisons, sauf dans les zones semées en tournesol ou en plantes à fourrage (luzerne, trèfle, sainfoin).
	La ponte de la reine décroît lentement. Le long processus tendant à réduire la colonie pour l'hivernage est enclenché. Dans la majorité des régions françaises il serait bon de ne plus récolter et de laisser aux abeilles tout le fruit de leur butinage afin qu'elles constituent les réserves d'hiver. Les quelques kilos de miel non récoltés assureront la présence l'année suivante de colonies saines et fortes.
	De retour de la miellerie, remettez les hausses quelques jours sur les ruches : les abeilles les lècheront. Retirez-les ensuite et entreposez-les.
	Traitez les dernières récoltes. Immédiatement après, lavez, séchez et rangez toute l'instrumentation. Mettez le miel en pots.

	Septembre-octobre
	Encore de belles journées, mais le temps se rafraîchit et les pluies sont fréquentes.
	Bruyères, lierres.
	Avant l'hivernage, une visite approfondie de la ruche s'impose : contrôle sanitaire et contrôle de la ponte de la reine, vérification de l'état des réserves.
	Sauf exception (régions de bruyères), la miellerie est au repos complet pour plusieurs mois.

4

Encyclopédie Hachette des connaissances agricoles

La ruche B.a.-ba

La ruche dans tous ses états

L'homme, voulant exploiter plus efficacement les ressources apicoles, a dû résoudre la question du logement. Au fil des siècles, en fonction des ressources locales ou régionales et de l'évolution des techniques, la ruche a changé : poteries cuites, vannerie brute ou recouverte d'enduits divers, tressage de la paille ou d'autres végétaux (ronce), planches de bois, etc.

Les premières ruches

Dans la nature, hors de l'intervention de l'homme, une colonie d'abeilles a tendance à s'abriter, profitant d'une anfractuosité rocheuse, d'un tronc d'arbre creux. Le tronc d'arbre creux, éventuellement déplaçable, a certainement constitué la première ruche exploitée par l'homme ; celle que les chasseurs nomades devenus pasteurs sédentaires ont rapprochée de leur campement pour en faciliter l'exploitation.

Chaque peuplade, chaque lignée a su utiliser les ressources naturelles locales :

- troncs d'arbres creux : saules, châtaigniers ;
- écorces de chêne-liège en zone méditerranéenne ;
- paille, ronce, vannerie, souvent protégées par des enduits composés de bouse et d'argiles ;
- poterie, lames ou planches de bois.

Du fixisme…

Quelle que soit la ruche monocorps utilisée, la récolte impliquait la destruction de tout ou partie du travail des abeilles. Une solution radicale consistait même à détruire la colonie afin de récupérer le miel et la cire. La récolte étant faite au niveau des colonies les plus fortes pour des raisons évidentes de rentabilité, les plus faibles étaient gardées pour perpétuer le cheptel. En quelque sorte, une sélection à l'envers !
Un maître mot définissait l'apiculture d'alors : le fixisme. Système dans lequel tout est figé, lié.

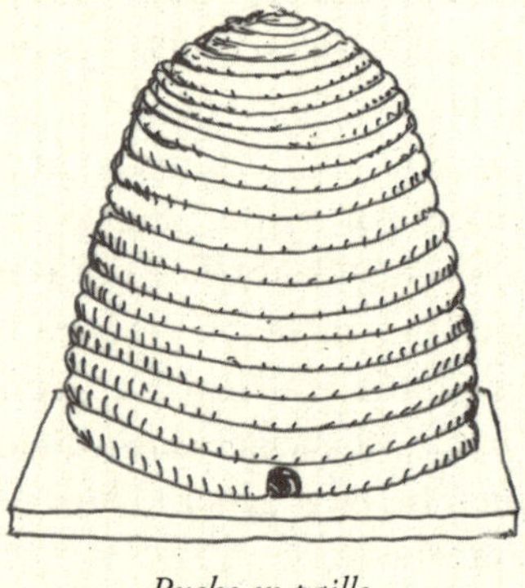

Ruche en paille

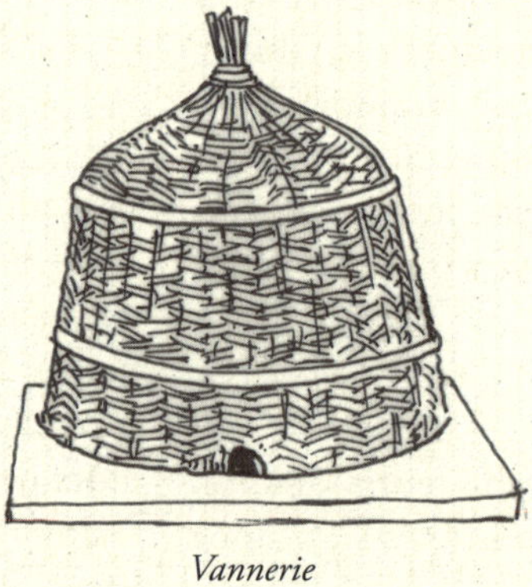

Vannerie

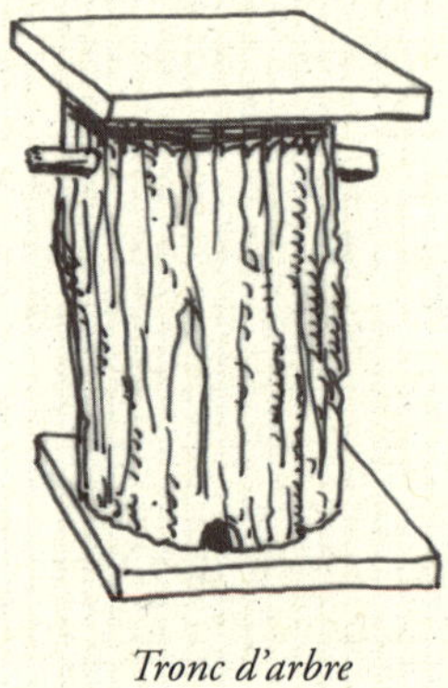

Tronc d'arbre

Pratiquement aucune intervention ne pouvait avoir lieu sans compromettre la ruche entière. La première évolution des ruches fut l'adjonction d'un deuxième étage : la calotte, ou hausse.

… AU MOBILISME

Le XIXe siècle est marqué par un vent de réforme, une opposition à la barbarie de l'étouffage, une recherche de l'amélioration de la rentabilité. En un mot, le mobilisme.
La traditionnelle ruche en paille, le panier, se voit tronquée au sommet et surmontée d'un deuxième élément. Apparaît la notion de grenier à miel dans lequel l'abeille engrange son surplus de récolte. L'homme peut prélever sa dîme sans sacrifier l'ensemble de la colonie. Cette étape n'est en fait qu'un faux mobilisme. Le miel contenu dans les rayons prélevés ne peut être récupéré qu'en écrasant les gâteaux. Les abeilles sont un peu préservées, mais pas leur travail. Il est vrai qu'alors la cire est une denrée quasiment plus précieuse que le miel.

LA RUCHE À CADRES

Au milieu du XIXe siècle, on assiste à une deuxième évolution : la ruche à cadres. Dès l'Antiquité grecque, l'idée avait germé. Plus près de nous, un apiculteur ukrainien avait fait quelques essais, mais c'est Debeauvois qui, vers 1850, en est certainement le précurseur. Les HLM pour abeilles sont nées !
Son développement est ensuite dû au pasteur L.L. Langstroth qui rationalise les dimensions acceptées par les abeilles afin que les cadres restent amovibles.

IL Y A CADRE ET CADRE…

Le modèle de Debeauvois a été repris, adapté, amélioré par des apiculteurs ingénieux dont certains laissèrent leur nom à des modèles très largement répandus aujourd'hui. Voirnot a souhaité une ruche plus petite avec des cadres plus hauts pour s'adapter aux conditions difficiles de l'apiculture en montagne. D'autres idées ne sont que des élucubrations qui n'ont pas survécu à leurs créateurs. Les ruches conçues par Langstroth, Dadant, Voirnot, pour ne citer que les plus importants, constituent à l'heure actuelle l'essentiel du parc mondial.
Ces systèmes ont un objectif commun : espacer les cadres entre eux et par rapport aux parois de la ruche de façon que les abeilles trouvent un juste espace pour circuler. Ni trop petit, ce qui les amènerait à le boucher avec de la propolis, ni trop grand, les abeilles construisant alors des rayons de cire bien gênants lors des visites ou des récoltes.

En pratique - Les trois ruches

Trois types de ruches se sont succédé dans le temps, avec quelques périodes de coexistence :
- les ruches à rayons fixes et à chambre unique ;
- les ruches à rayons fixes, mais construits dans plusieurs compartiments contigus (avec calottes ou hausses) ;
- les cadres mobiles, en usage aujourd'hui partout où l'apiculture s'est modernisée.

Bien choisir sa ruche

Vous êtes libre de travailler avec le modèle de votre choix : les abeilles ne donnent pas leur avis ! Tout au plus pourriez-vous établir des comparaisons de rendement, mais il vous faudrait un très grand nombre de ruches afin de tirer des conclusions fiables. Le rendement des colonies est influencé par de nombreux paramètres et les fluctuations sont fréquentes pour la même ruche, d'une année sur l'autre.

3 MODÈLES DE BASE

Ce sont toutes des ruches à rayons mobiles, avec de légères différences.

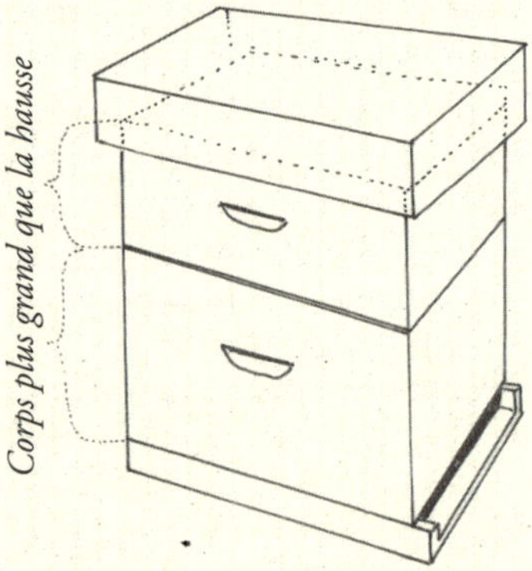

1 *La Dadant 10 cadres*

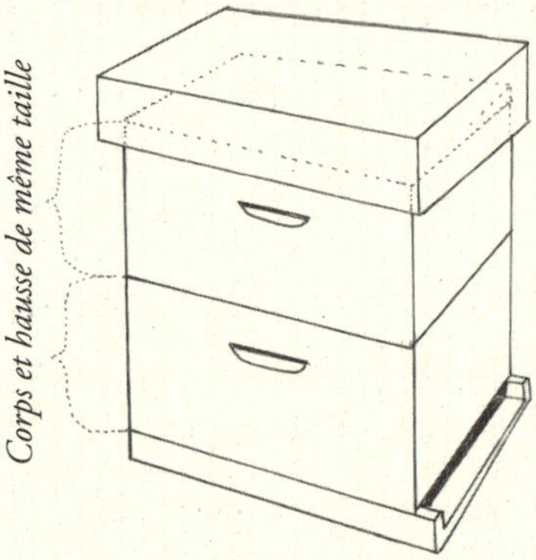

2 *La Langstroth*

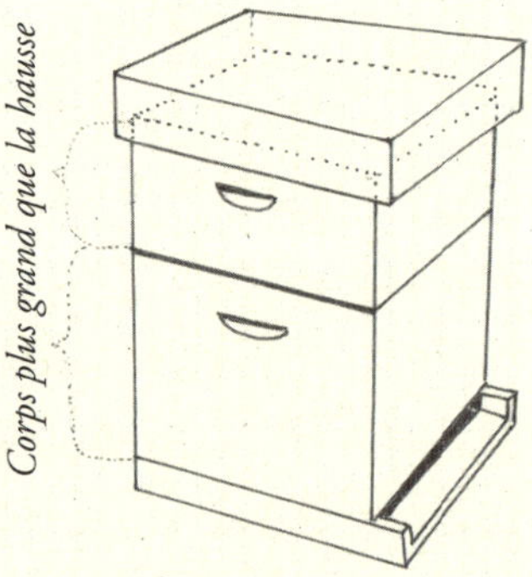

3 *La Voirnot (plus répandue en zone de montagne)*

Les ruches de type Voirnot ou Dadant ont des hausses de hauteur nettement inférieure au corps ; pour les Langstroth, tous les éléments ont la même hauteur ; tous les cadres sont interchangeables

À savoir

La Dadant 12 cadres est aussi utilisée. Les colonies importantes trouvent un meilleur espace de développement. Mais attention au poids des hausses pleines au moment de la récolte, et des corps de ruches si vous voulez les déplacer. Oubliez cette ruche à 12 cadres si vous envisagez des déplacements assez fréquents de vos ruches.

5 RÈGLES POUR CHOISIR

Toutes ces ruches assurent de bons résultats. Alors que faire ?

1. Vous avez peut-être suivi des cours d'apiculture au sein d'un rucher-école. Vous êtes familiarisé avec un modèle. Adoptez-le !

2. Vous envisagez l'achat d'une ou plusieurs colonies auprès d'un professionnel ou d'un amateur. Elles vous seront livrées en ruchettes. Ces petites boîtes légères, avec 6 cadres maximum, garnis de cires gaufrées, correspondent à l'un de ces trois modèles de base. Ce qui risque d'orienter votre choix personnel.

3. Vous avez lié connaissance avec un amateur installé dans votre voisinage. Il vous cède ou vend des abeilles et du matériel. Vous vous inspirerez de son expérience.

4. Vous n'avez pas de contacts déjà établis, vous désirez piloter votre choix au-delà des contraintes commerciales ou de voisinage. Enquêtez alors de manière générale sur la région et essayez de vous rapprocher du modèle le plus répandu localement.

5. Enfin, ne tentez pas l'aventure avec des modèles peu répandus qui fonctionnent certainement parfaitement, mais risquent de vous apporter bien des problèmes de compatibilité.

SI VOUS OPTEZ POUR DES CADRES MONTÉS

Le fournisseur pourra vous proposer des cadres nus ou filés (fils Inox tendus qui soutiendront les cires), ou directement garnis de cire. Votre choix sera dicté par le temps que vous pourrez passer à l'atelier, le plaisir que vous pourrez avoir à préparer vos cadres et par votre budget.

Restez sur votre premier choix

Faites un choix unique pour toute votre exploitation. Même si certains modèles ont des caractéristiques voisines, vous aurez toujours le petit centimètre de décalage qui fera que cela ne fonctionnera pas. L'incident le plus fréquent est le cadre qui, un peu trop grand, en largeur ou en hauteur, ne peut pas entrer dans la hausse ou dans le corps. Bien sûr, cela arrive toujours au mauvais moment, alors que les abeilles commencent à manifester leur irritation.
Enfin, si vous ne fabriquez pas personnellement vos ruches, fournissez-vous toujours chez le même fabricant.

Monter une ruche à rayons mobiles

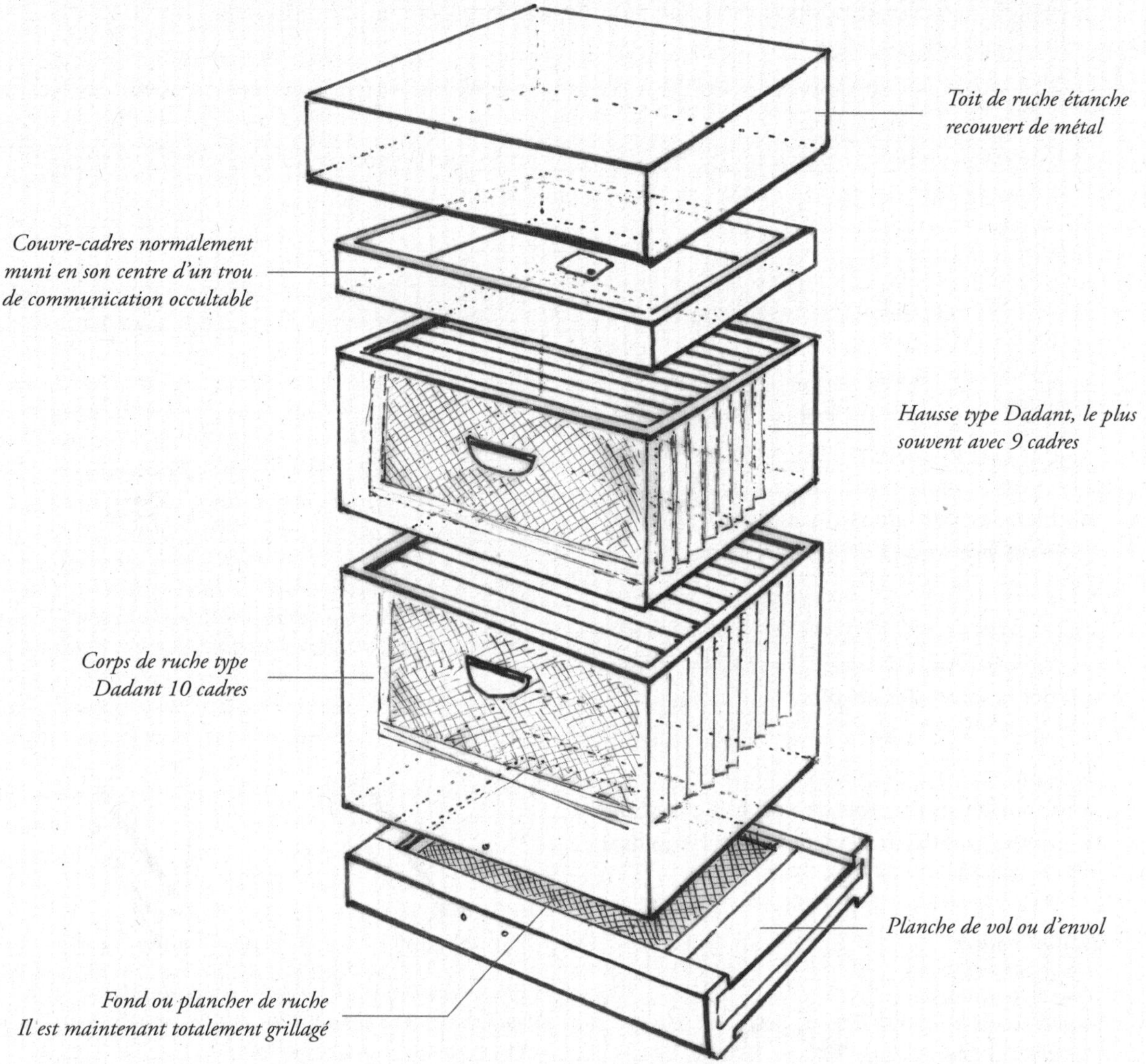

RUCHE À RAYONS MOBILES

Nivelez le sol pour que la ruche soit posée à l'horizontale.

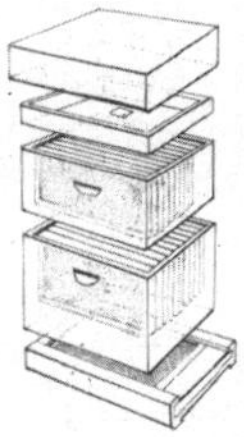

Les supports. Ils rehaussent les ruches, évitant ainsi que le bois ne pourrisse, et les empêchent de glisser. Ils favorisent l'aération de la ruche. Ils assurent aussi une meilleure position de travail pour l'apiculteur (dorsales et lombaires).

Choisissez :

- Un support haut de 20 à 30 cm, métallique ou en bois résistant comme le châtaignier.
- Une dalle de béton, ou autre, de 50 x 50 cm, placée sous le support. Elle stabilise l'ensemble support-ruche et empêche la végétation de pousser sous la ruche.

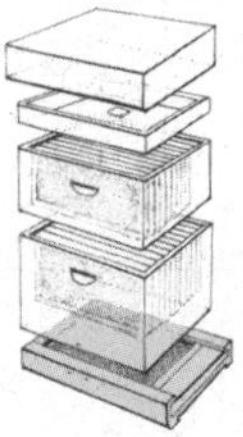

Le fond ou **plancher** de la ruche. Posé sur un support, il ferme la partie basse. Il est aéré, garni d'un grillage à mailles fines empêchant la sortie des abeilles ou l'entrée de prédateurs. Écartez bien les parpaings ou autres briques des supports pour que l'aération se fasse.

- Un liteau de 9 à 15 mm d'épaisseur est fixé sur les faces latérales et arrière. Un espace libre est prévu sur la face avant : le trou de vol, qui permet la sortie des abeilles.
- La planche de vol. Le plancher est prolongé de quelques centimètres vers l'avant.

Deux variantes du trou de vol. Celle de droite (ci-contre) étant actuellement la plus fréquente.

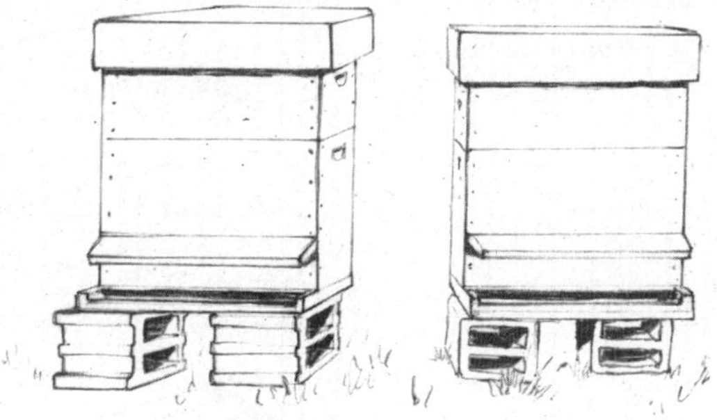

Supports très fréquemment utilisés : le parpaing, peu esthétique, mais très stable. Ne pas oublier de les écarter au maximum, afin que l'aération se fasse bien.

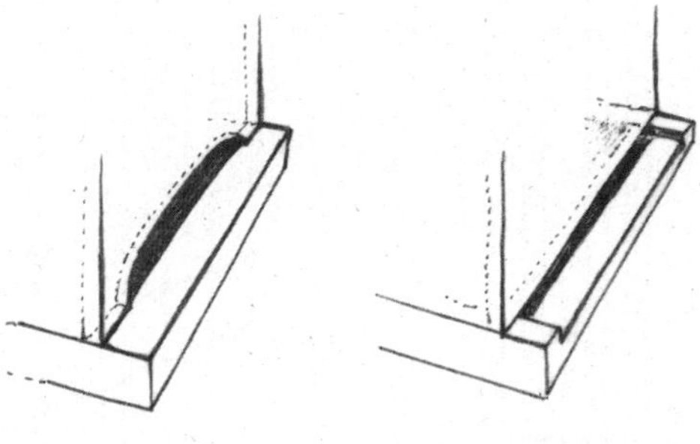

À gauche, l'entrée partielle, à droite, le trou de vol total
Jusqu'à ces dernières années, le bas du corps de ruche était échancré pour laisser passer les abeilles.
La tendance actuelle est de ménager une ouverture de vol complète, c'est le fond de ruche qui est surélevé par un tasseau de 9 à 15 mm sur trois côtés.

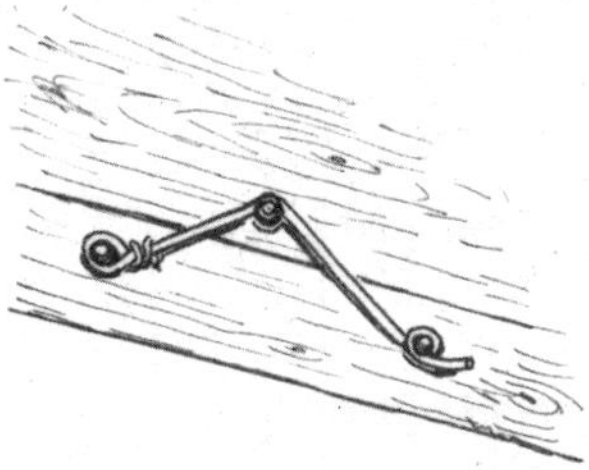

Fil d'acier mis en tension par trois points d'ancrage permettant de solidariser le fond de ruche et la base du corps.

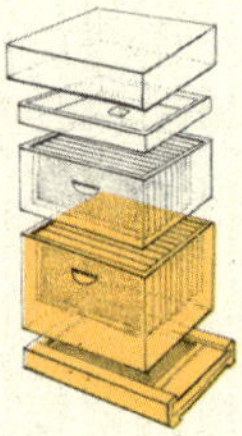

Le corps. Boîte en bois, il constitue l'habitat de la colonie. Il contient 10 cadres (12 pour la grande Dadant). Les abeilles y stockent leurs réserves de nourriture ; la reine y pond ses œufs. L'apiculteur n'ouvre le corps que pour des visites de contrôle et des manipulations d'entretien.

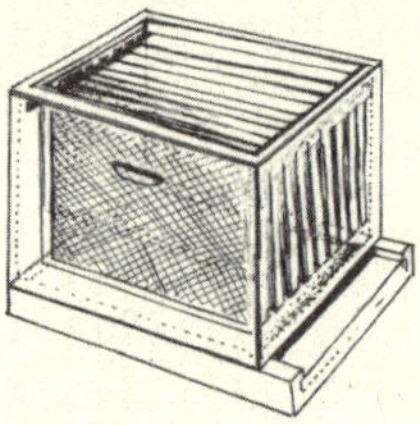

Vue éclatée du corps placé sur le fond de ruche et contenant 10 cadres

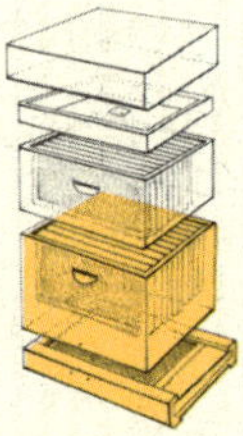

Les cadres. Ces structures sont constituées de 4 liteaux de bois ou plastique, sur lesquels les abeilles fixent leurs rayons. Leurs dimensions varient selon les modèles.

Détail du système de suspension, de hausse comme de corps

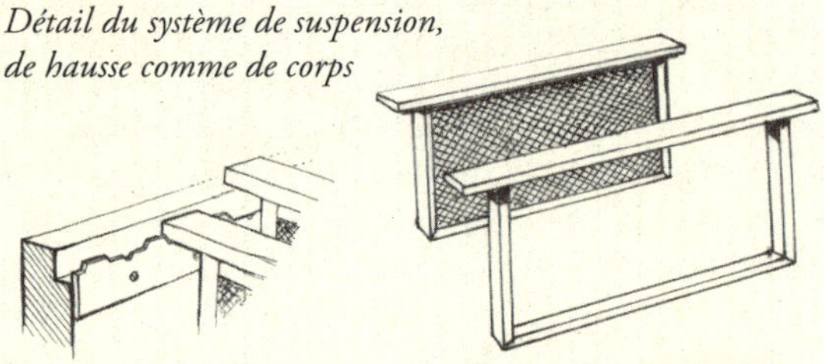

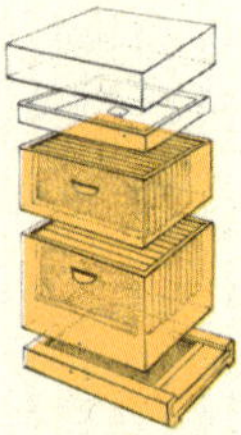

La hausse. Boîte en bois, elle s'encastre sur le corps pour augmenter la capacité de la ruche. Elle peut faire la moitié du volume du corps (ruches Dadant ou Voirnot) ou être de même taille (Langstroth). Les cadres ne sont pas interchangeables avec ceux du corps (sauf cas de la Langstroth). Leur nombre est réduit à 9, voire à 8. Dans les hausses, l'abeille engrange ses surplus de récolte, dont l'apiculteur dispose pour son usage. L'espacement entre les cadres étant plus grand que dans le corps, les constructions de cire contenant le miel débordent du cadre de bois, facilitant ainsi le travail de désoperculation à la miellerie (voir La récolte du miel, p. 127.)

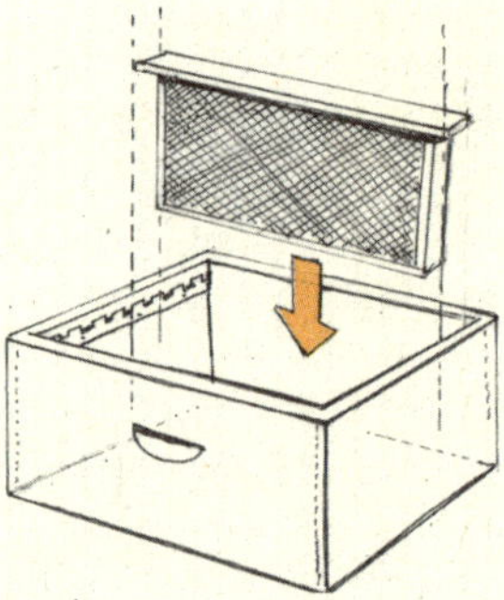

Hausse de type Dadant de hauteur moindre que le corps. Elle contient 9 cadres, quelquefois 8.

Le plateau couvre-cadres. Planchette fine en contreplaqué, enchâssé dans un cadre, il est placé au-dessus du corps, puis des hausses pour fermer le haut de la ruche. Au centre se trouve un trou d'environ 4 cm de diamètre, occultable grâce à une plaquette de métal amovible. Sur cet orifice, et sans ouvrir la ruche, il est possible de placer un petit bac plastique rempli d'un appoint de nourriture en cours de mauvaise saison.

Le couvre-cadres ferme la ruche au-dessus du corps en hiver, puis monte au-dessus de la dernière hausse posée. Un trou de quelques centimètres de diamètre est aménagé en son centre ; il est occultable.

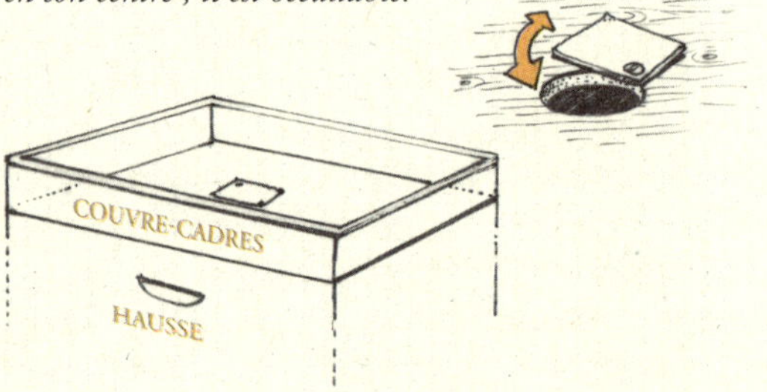

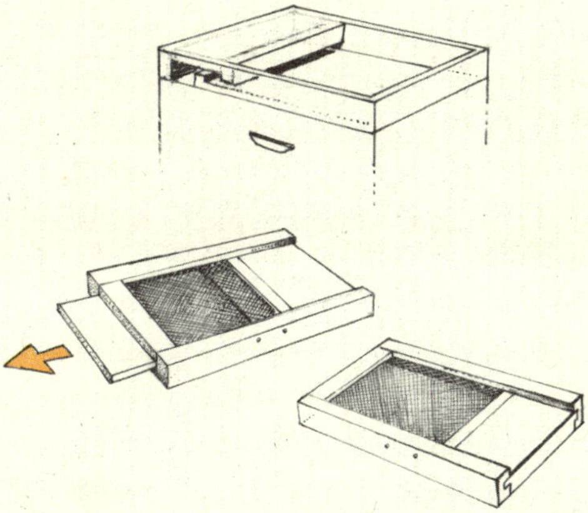

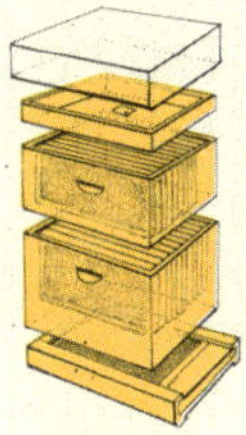

Le nourrisseur couvre-cadres. Il peut remplacer le couvre-cadres classique et permet un apport de nourriture complémentaire en une seule fois. (Voir aussi Nourrir les abeilles, p. 116.)

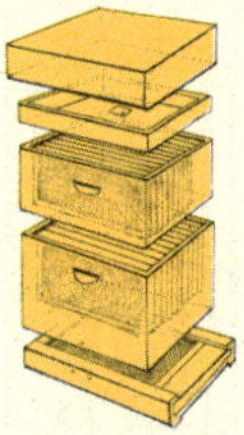

Le toit de ruche. Plat ou pentu (une ou deux pentes, de type chalet), il est recouvert d'une tôle galvanisée pour une étanchéité complète.

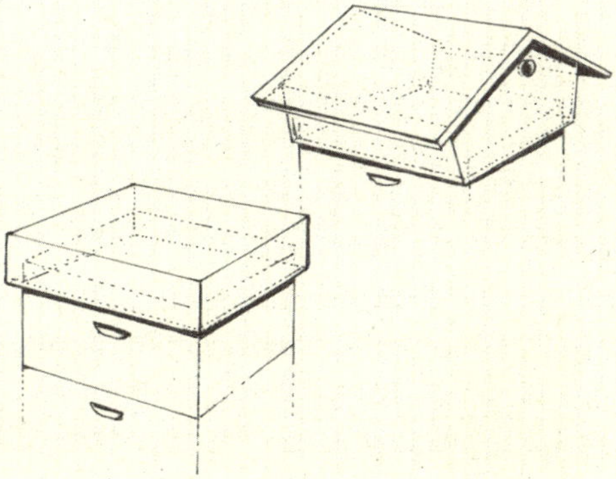

Le traitement des bois

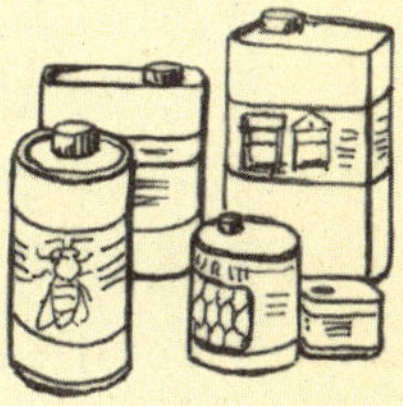

L'intérieur de la ruche et les cadres ne sont jamais traités. L'abeille protège ces surfaces d'une fine pellicule de propolis. Pour les parties externes, les produits les plus courants sont :

– La cire microcristalline. Elle nécessite de grands récipients pour immerger totalement les éléments à traiter. Une technique réservée aux professionnels ou aux fabricants de ruches. Le très beau résultat obtenu au départ vieillit mal et la réfection n'est pas aisée.

– Toutes les peintures microporeuses laissant respirer le bois donnent de bons résultats.

– Les peintures à base d'huile de lin et de pigments d'aluminium. Excellent produit, très facile à appliquer et à renouveler.

– Les lasures : achetées exclusivement dans les magasins de fournitures apicoles (sinon risque de surcharge en fongicides ou autres insecticides). Excellent résultat, très esthétique sur des bois neufs.

Dans tous les cas, passez plusieurs couches lors du premier traitement et renouvelez l'opération au bout de quelques années.

Préparer le terrain

À savoir

Avant toute implantation, veillez à respecter le Code rural et les décrets municipaux. Tenez compte des contraintes de voisinage (voir page 10).

OÙ PLACER LES RUCHES ?

- Placez vos ruches en avant d'une lisière de bois, d'une haie ou d'une construction. ***Avantage :*** meilleure protection en hiver contre les vents froids du nord et de l'est.
- Orientez les planches de vol au sud-est ou au sud. ***Avantage :*** maximum de lumière dès les premières heures de la matinée et réchauffement plus rapide.
- Dans les régions chaudes, disposez les ruches sous les frondaisons de grands arbres qui, sans gêner la lumière ni le vol des abeilles, dispensent une ombre utile pendant la canicule de la mi-journée.
- L'emplacement doit être net, propre, sans herbe haute.

Les planches de vol sont orientées au sud ou au sud-est

Comment disposer les ruches ?

Dans un rucher trop bien aligné, avec des ruches toutes peintes de la même couleur, les abeilles rentrant du butinage vont « glisser » vers les ruches les plus externes de l'alignement, renforçant ces dernières mais affaiblissant d'autant les ruches placées au centre. C'est la dérive. À la fin d'une saison cette dépopulation peut être importante.

Que faire pour l'éviter ou tout au moins la minimiser ?

- Bannissez les alignements rectilignes.
- Utilisez tous les éléments naturels – arbres, arbustes, rochers… – qui sont autant de repères pour les abeilles.

Exemple de marquage différencié des ruches

- Faites des marques colorées sur la face avant des ruches, au-dessus du trou de vol. Évitez la couleur rouge que l'abeille ne perçoit pas.
- Ne peignez pas tout le rucher de la même couleur.

Acheter une ruchette

Combien coûte une ruchette ?

Le prix (autour d'une centaine d'euros) correspond, sauf accord préalable différent, aux seules abeilles, cadres bâtis, couvain et provisions. La ruchette est consignée : vous devrez la retourner à vos frais au vendeur.
Demandez le prix d'une ruchette neuve afin de pouvoir négocier le prix de la ruchette livrée, qui peut être plus ou moins ancienne.
Une ruchette 6 cadres bâtis, avec des abeilles présentes sur la totalité des cadres, est l'assurance d'une colonie plus forte, susceptible d'un apport de miel non négligeable dès la première année. Son prix est plus élevé.

Qu'est-ce qu'une ruchette ?

Sauf à acheter des ruches peuplées auprès d'un apiculteur qui s'en défait ou à les demander spécialement à un professionnel, l'achat-vente de colonies se fait toujours en ruchettes. Contenant très souvent 5 cadres, parfois 6, ce sont des éléments plus légers, plus faciles à transporter que les ruches à 10 cadres. On trouve des ruchettes :

- en bois, avec les mêmes normes que les ruches ;
- en contreplaqué épais de 10 mm ;
- en polystyrène haute densité, d'une très grande légèreté.

Ces deux derniers modèles sont destinés uniquement au transport et au logement temporaire des abeilles.

À qui s'adresser ?

- Dans toutes les régions de France, des magasins d'articles apicoles assurent la vente de colonies d'abeilles. ***Avantage :*** une meilleure sécurité sanitaire, en théorie du moins. ***Inconvénient :*** un prix élevé.
- Un apiculteur qui a trop de ruches peut accepter d'en céder une ou deux. En saison, il vous transmettra le ou les essaims qu'il aura récupérés. ***Avantage :*** prix intéressant. ***Inconvénient :*** en théorie, la sécurité sanitaire est moindre, mais certains amateurs éclairés sont parfaitement capables de juger de l'état de santé de leurs colonies.
- Dans les revues d'apiculture, rubrique Petites annonces, vous trouverez des propositions de vente de colonies, de ruches ou de ruchettes peuplées. Il n'est pas toujours facile de les décrypter.

Combien faut-il de ruchettes pour bien débuter ?

Avec deux colonies, vous augmentez vos chances de réussite. Un accident n'ayant rien d'exceptionnel, si vous n'avez qu'une ruche la perte est désastreuse.

À QUELLE ÉPOQUE ACHETER UNE RUCHETTE ?

Au début du printemps, de mars à mai

Une colonie doit être suffisamment vigoureuse pour bien se développer dès la première année. Beaucoup d'éleveurs procèdent aux divisions de ruches permettant la création d'unités nouvelles (essaims artificiels) au cours de la saison précédente. Ils peuvent ainsi livrer dès le début du printemps des ruchettes bien sorties de l'hivernage, aptes à se développer rapidement.

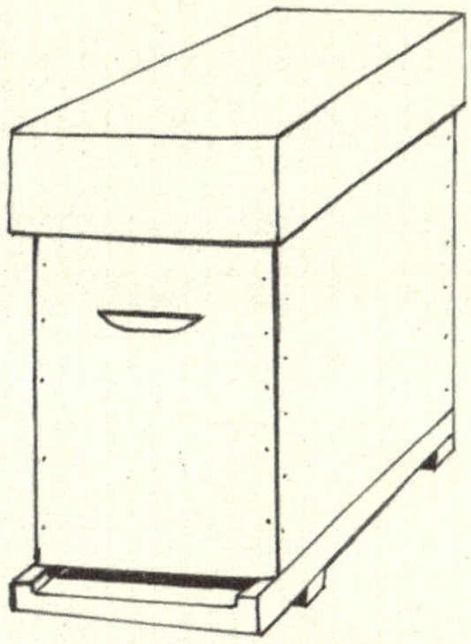

La ruchette 5 cadres

En juin-juillet

D'autres éleveurs font les divisions au printemps lors de l'explosion de la ponte de la reine. Les colonies sont proposées à la vente un peu plus tard. Plus votre acquisition sera tardive, moins vous aurez la possibilité de faire une vraie récolte dès la première saison.

Jamais en hiver ni en automne

C'est en effet au cours de la saison hivernale que l'on enregistre la mortalité la plus importante. Cependant, si un apiculteur vous offre une colonie à l'automne, ne laissez pas passer l'occasion. Traitez-la avec amour, elle vous le rendra !

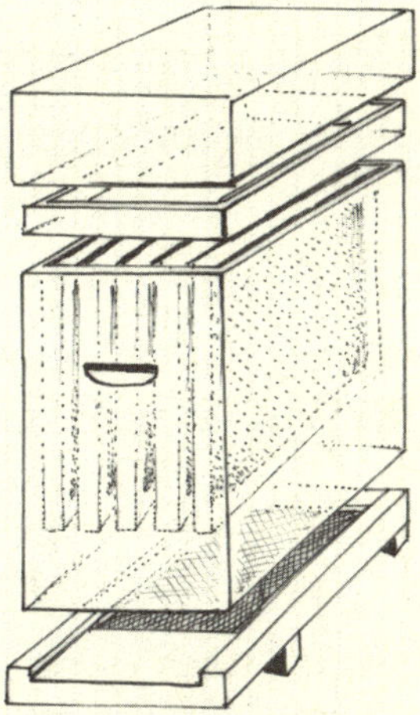

Vue éclatée de la ruchette la plus courante : la 5 cadres

QUELLE COLONIE CHOISIR ?

En raison du taux de mortalité important enregistré dans bien des régions, les colonies sont actuellement peu nombreuses à la vente. Vous n'aurez souvent pas beaucoup de choix. Un impératif cependant : formée dans l'année ou issue de la saison précédente, la colonie doit être forte. Un point difficile à contrôler au moment de l'achat puisque la ruchette a été fermée pour le transport. La conscience professionnelle de l'éleveur est donc essentielle. Le bouche-à-oreille est souvent la meilleure solution pour trouver les bonnes adresses.

Si un apiculteur vous cède une colonie moyenne, voire un essaim qu'il vient de récolter, n'y renoncez pas. Ces conditions moins favorables doivent simplement se retrouver au niveau du prix.

Transporter une ruchette

COMMENT SE PRÉSENTE LA RUCHETTE ?

La ruche ou ruchette a été préparée la veille par l'apiculteur qui vous la cède. À la nuit tombée, les butineuses sont toutes rentrées ; l'apiculteur a fermé le trou de vol.

- La ruche/ruchette est moderne, le fond est grillagé, aéré. On peut fermer plus ou moins hermétiquement le trou de vol – le plus souvent par une bande de mousse.
- La ruche/ruchette est équipée d'un fond plein, sans aération. Il est impératif qu'il reste un passage d'air au niveau de la fermeture. Des grilles ajourées sont vissées sur la face avant, devant le trou de vol.

Élément métallique pouvant être fixé devant le trou de vol.
Portes d'entrée à arcades - 2 fonctions :

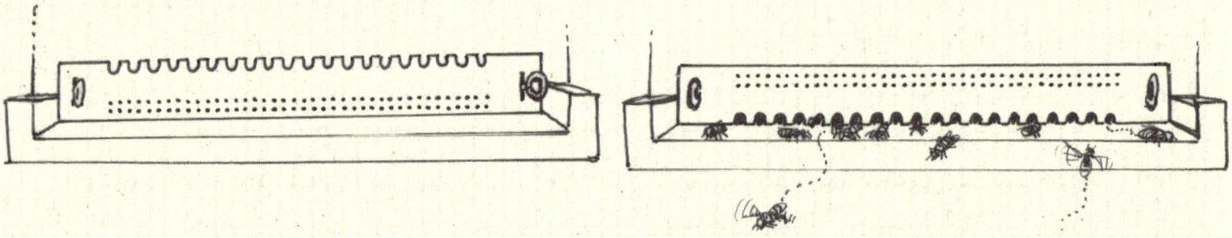

- *Position gauche : petits trous devant le trou de vol, l'air peut passer, pas les abeilles. Déplacement et transport facilités*
- *Position droite : arcade en position basse, position hiver, laissant le passages aux abeilles, mais bloquant les petits prédateurs éventuels.*

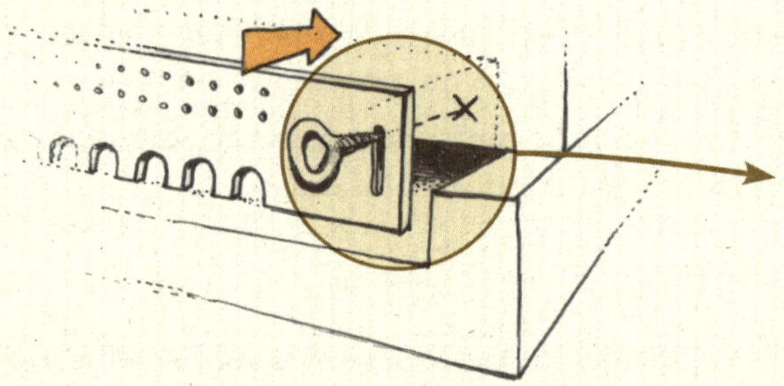

Système de fixation/serrage par pitons

QUAND ALLER CHERCHER LA RUCHETTE ?

Le lendemain matin après la fermeture de la ruchette par le cédant. La règle est de laisser le moins longtemps possible les abeilles enfermées.

Transport dans un coffre :
- avantage des voitures à hayon
- sangle absolument indispensable
- on devine, à gauche, le voile qui peut tout recouvrir

Comment transporter la ruchette ?

Munissez-vous du matériel adéquat :

1. En priorité absolue, une bonne sangle avec boucle de serrage, seul moyen de prévenir l'ouverture en cas de chute. Bannissez ficelles et autres cordes qui peuvent glisser.
2. Un enfumoir, du combustible, des allumettes – au cas où la fermeture aurait du jeu.
3. Une tenue de protection : combinaison, vareuse, chapeau et voile, gants.
4. Un outil : lève-cadre ou tournevis.
5. Un voile (tulle) assez grand pour recouvrir la ou les ruchettes. Les abeilles qui pourraient s'échapper seraient retenues dessous.
6. Des cartons vides pour stabiliser la ruchette, qui n'occupe pas la totalité du plancher d'un coffre. Certains coffres sont équipés de points d'ancrage qui permettent un bon arrimage.
7. Placez sous la ruche un carton rigide ou une feuille de contreplaqué. La ruchette s'enfonçant dans la moquette du coffre, l'aération risque de devenir insuffisante.

Adoptez la bonne conduite :

1. N'arrêtez jamais la voiture au soleil.
2. Si, malgré toutes ces précautions, quelques abeilles s'échappent dans la voiture, elles iront se coller aux vitres, cherchant la lumière. Elles ne vous attaqueront pas. Continuez votre route.
3. Si la peur l'emporte, arrêtez-vous, ouvrez les vitres : les abeilles s'échapperont.
4. Profitez-en pour renforcer la fermeture de la ruchette.
5. Enfilez éventuellement une protection vestimentaire.

Installer une ruchette sur le terrain

1. S'il fait chaud, sortez immédiatement la ruchette du coffre et mettez-la à son emplacement définitif.
2. C'est votre première ouverture de ruche après transport : protégez-vous.
3. Laissez reposer la ruchette, toujours fermée, pendant une demi-heure à une heure. Les abeilles perdent une bonne part de la surexcitation due au transport. Leur sortie à l'ouverture sera moins tempétueuse.
4. Pour enlever la mousse ou relever la porte à arcades, placez-vous toujours derrière la ruche.
5. Reculez suffisamment et admirez les premiers vols de reconnaissance. Le grand jour est arrivé, vous êtes devenu un dompteur d'abeilles… enfin presque. Vous aurez un impressionnant champ d'observation au niveau du trou de vol. Quantités de sorties et d'entrées. Les abeilles ont les pattes chargées de pollen, c'est un signe d'élevage, de ponte de la reine. Une activité intense au trou de vol est très généralement le signe du bon fonctionnement de la colonie.
6. Ne dérangez plus les abeilles. Laissez-les s'habituer au nouveau site pendant deux ou trois jours. Chaque ouverture de la ruche représente une perturbation importante ; il faut limiter les interventions au maximum, au moins dans les premiers temps.
7. Il n'est jamais mal venu de nourrir une colonie que l'on vient d'acquérir. À moins d'avoir assisté à une ouverture et à un contrôle des réserves chez l'apiculteur cédant, vous n'avez aucune idée de l'état des provisions. Même en pleine saison mellifère, un petit supplément est toujours apprécié par les nouvelles pensionnaires. (Voir page 116, Nourrir les abeilles.)

Passer de la ruchette à la ruche

Pourquoi ne pas garder la ruchette ?

La ruchette ne doit en aucun cas constituer l'habitat définitif de vos abeilles qui ne peuvent y trouver un espace de développement convenable. La reine risque d'arrêter la ponte.

Quand transférer les abeilles ?

1. Lorsque la ruchette est lourde (mais il faut une certaine expérience pour donner un sens à ce terme).
2. Lorsque, à l'occasion d'une visite dans les jours qui suivent l'installation sur le terrain, vous voyez des abeilles sur tous les cadres.

Quelle ruche choisir ?

La ruche, 10 cadres pour une Dadant par exemple, sera obligatoirement équipée de cadres du même modèle que ceux de la ruchette. Elle est prête, bois traité, dotée de 5 cadres complémentaires cirés. (Voir aussi page 96).

Comment procéder ?

1. Déplacez légèrement la ruchette, laissée ouverte, afin de positionner la nouvelle ruche à l'emplacement exact qu'elle occupait.
2. Envoyez quelques bouffées de fumée dans le trou de vol de la ruchette. Les abeilles, averties, entrent en bruissement.
3. Dans le corps de ruche ouvert, disposez, en rives, 1 ou 2 cadres garnis de cire gaufrée. Ils occuperont les butineuses revenant des champs, qui entreront par le nouveau trou de vol.

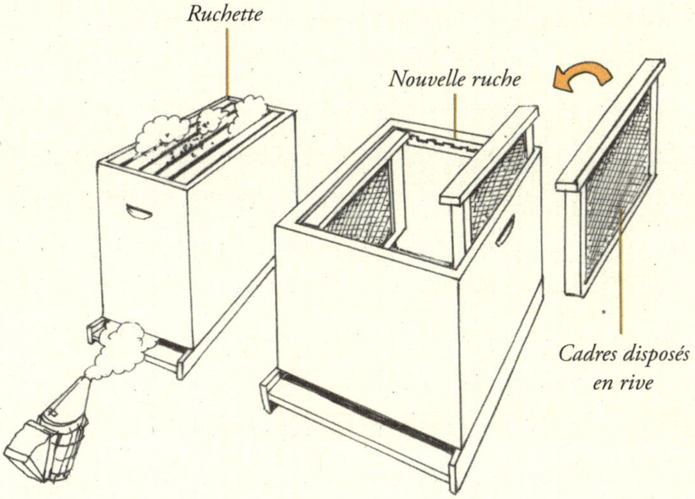

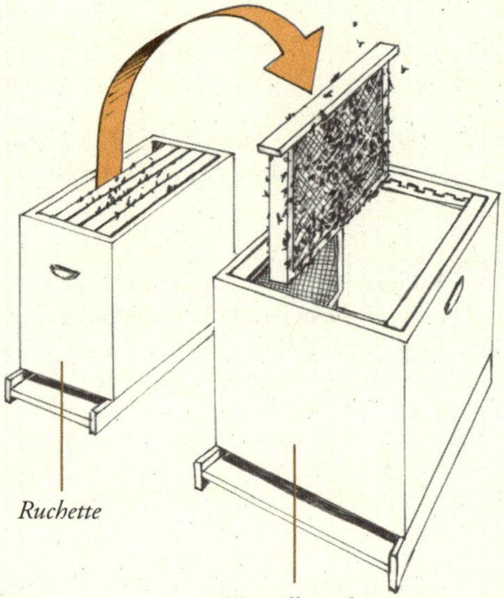

4 Dans la ruchette, décollez un cadre de rive en choisissant celui qui porte le moins d'abeilles. La reine a peu de chances de se trouver dessus.

5 Avec douceur, extrayez-le de la ruchette.

6 Placez-le dans la ruche. Si vous avez ôté de la ruchette le cadre de rive gauche, replacez-le dans la ruche en position 3 ou 4 depuis la gauche (voir p. 123).

7 Sortez le cadre 2 de la ruchette en l'inclinant un peu afin d'éviter de rouler les abeilles entre deux cadres contigus.

8 Procédez de même avec les autres cadres. Placez-les dans la ruche en respectant exactement la disposition qu'ils avaient dans la ruchette.

9 Garnissez les espaces vides, à droite et à gauche, de cadres porteurs de cire gaufrée.

10 Fermez la ruche et n'intervenez plus pendant plusieurs semaines si vous êtes en début de saison avec une météo encore fraîche et des floraisons peu importantes ; il faut laisser les abeilles garnir les 5 cadres de cire gaufrée, construire leurs rayons de cire, engranger nectar et pollen, pendant que la reine pond et pond encore.

Cas particulier

Fin mai et courant juin, tout peut s'accélérer et la pose d'une première hausse peut être nécessaire au bout de quelques jours seulement après le passage à la ruche. L'expérience de l'apiculteur est alors très utile. Toutefois, une simple appréciation du poids de la ruche en la soulevant par l'arrière permet de se faire une idée plus ou moins exacte. Le contrôle le plus sûr se fera en ouvrant la ruche. Il n'est pas obligatoire de sortir les cadres. Si les cires gaufrées paraissent bâties et les abeilles sont présentes dans les ruelles les plus externes, il est temps d'agrandir la bâtisse.

Faire entrer les dernières abeilles dans la ruche

Vous avez placé tous les cadres dans la nouvelle ruche. Cependant, il reste un certain nombre d'abeilles sur les parois de la ruchette vide. Que faire ?

Solution 1. Appuyez la ruchette, couchée sur le flanc, sur un bord supérieur de la ruche ouverte. Avec une brosse, faites tomber doucement les dernières abeilles dans la ruche. Attention, la reine peut être parmi elles.

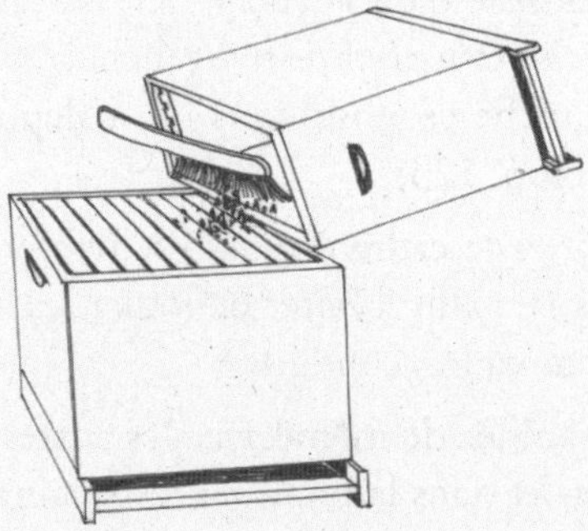

Solution 2. Reposez le couvre-cadres sur la ruche. Il ne reste que l'accès par le trou de vol. Inclinez la ruchette afin qu'une de ses parois vienne s'appuyer contre la planche de vol et… observez.

- Si la reine est dans la ruche, les abeilles de la ruchette se précipitent vers la planche de vol, puis à l'intérieur de la ruche.
- Si la reine n'est pas dans la ruche, vous assistez à un reflux rapide, vers l'extérieur, des abeilles entrées avec les cadres. Si vous avez opéré avec calme et méthode, cet incident ne doit pas se produire.

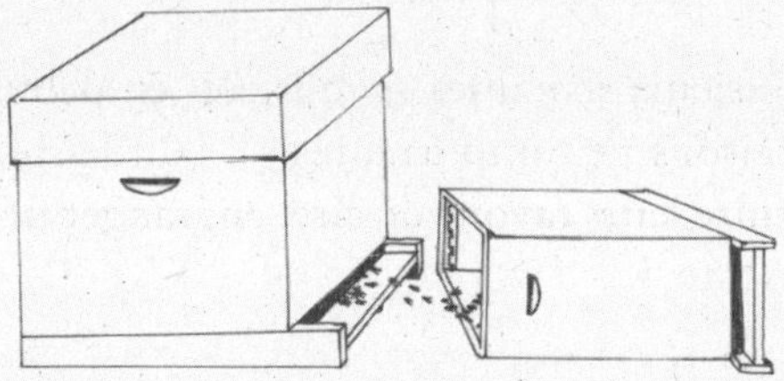

Solution 3 (pour apiculteurs expérimentés). Retournez la ruchette sur la ruche encore ouverte et tapez-la, très sèchement. Ne frappez pas à plat – vous écraseriez beaucoup d'abeilles –, mais angle ruchette contre angle correspondant sur la ruche. Il faut un très bon coup de main.

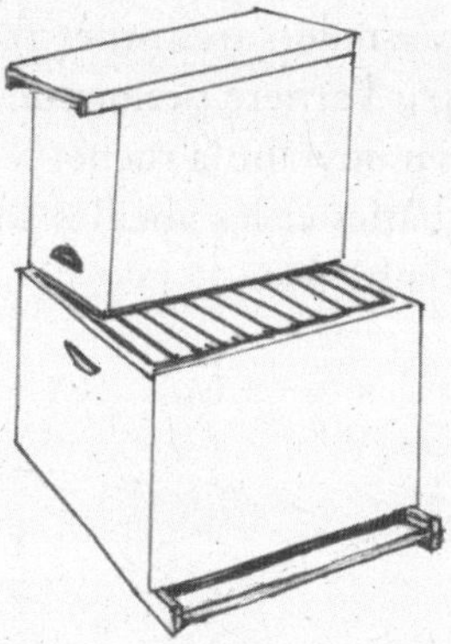

Travailler sur une ruche

Pourquoi ?

L'apiculteur doit contrôler la force des colonies, les débuts de ponte de la reine et les provisions restantes. Ces interventions, qui dérangent les abeilles, doivent correspondre à une action précise et être espacées au maximum.

Quand intervenir ?

- Dès mars.
- Une journée ensoleillée, avec le moins de vent possible.
- Au moins 15 °C.
- Vers midi ou en tout début d'après-midi. Les abeilles perturbées par une sortie précipitée auront le temps de réintégrer la ruche avant la nuit.

Observez les abeilles : elles vous diront à quel moment intervenir.

– Quelques mouvements d'abeilles au trou de vol. Ce ne sont que des vols de propreté ; il n'est pas sûr que la température soit suffisante pour ouvrir.
– Une effervescence marquée dans le rucher. Allez-y, le feu vert est donné. Toutes les abeilles en vadrouille diminuent d'autant la population interne, facilitant ainsi votre travail.

Comment intervenir ?

1. Revêtez la combinaison et le chapeau-voile (voir page 76).
2. Munissez-vous de l'équipement de base (voir page 79).
3. Complétez avec le matériel nécessaire à l'intervention envisagée :
   - cadres neufs équipés de cire gaufrée en prévision de changement de cadres ;
   - hausses garnies de cadres si vous prévoyez la mise en place de hausses supplémentaires ;
   - hausses vides ou boîtes à cadres si vous envisagez une récolte.
4. Placez-vous toujours derrière la ruche pour réaliser vos opérations.

Votre ruche est-elle en bonne santé ?

Diverses observations permettent de savoir, sans ouvrir, si la colonie a un comportement normal.

- Sur la planche d'envol, les entrées et sorties des butineuses sont rapides et précises.

- Pas ou très peu d'abeilles errent devant la ruche ou grimpent aux brins d'herbe.

- Pas d'abeilles mortes en grand nombre devant la ruche. Une exception toutefois : pendant les périodes froides un certain nombre d'abeilles meurent naturellement dans la ruche. Au premier redoux, les nettoyeuses expulsent les cadavres devant la ruche.

- Un choc sec avec le doigt ou un outil sur l'extérieur de la ruche déclenche en réponse un bruissement très perceptible, qui s'évanouit très vite. Si le bruissement est moins net et persiste plus longuement (on parle de bruissement plaintif), vous pouvez suspecter une anomalie.

- Des odeurs aigres ou de pourriture se dégagent de la ruche, même fermée. Elles sont le signe de maladies graves et contagieuses : les loques (infection bactérienne du couvain). Il faut alors détruire la colonie entière, en l'asphyxiant avec une mèche de soufre.

- L'extérieur de la ruche est souillé de déjections : il y a un risque de nosémose (due à un protozoaire, *Nosema apis*). Les spores de *Nosema apis* germent dans l'intestin de l'abeille qui ne digère alors plus ses aliments. Une exception toutefois : lors de la première sortie par temps encore frais, les abeilles défèquent (vident leur poche rectale) sans avoir toujours le temps de s'éloigner de la ruche.

- Si le fond de celle-ci est totalement grillagé, examinez les chutes de débris sous la ruche. S'il n'est pas grillagé, introduisez précautionneusement par le trou de vol une mince feuille de plastique rigide ou d'aluminium qui recouvrira la totalité du fond. Retirez-la quelques heures, voire un ou deux jours après. Si, parmi les débris, vous apercevez de petites carapaces brunes et luisantes, de 1,5 mm de diamètre environ, vous avez la confirmation que votre colonie est parasitée par le varroa. Un cas qui n'a rien d'exceptionnel, car la parasitose atteint tous les ruchers. Rapprochez-vous d'un groupement apicole afin d'accéder aux possibilités de traitement.

Utiliser un enfumoir

À savoir

Si possible, travaillez à deux. Votre « second » aura pour tâche d'activer l'enfumoir. Votre travail en sera grandement facilité.

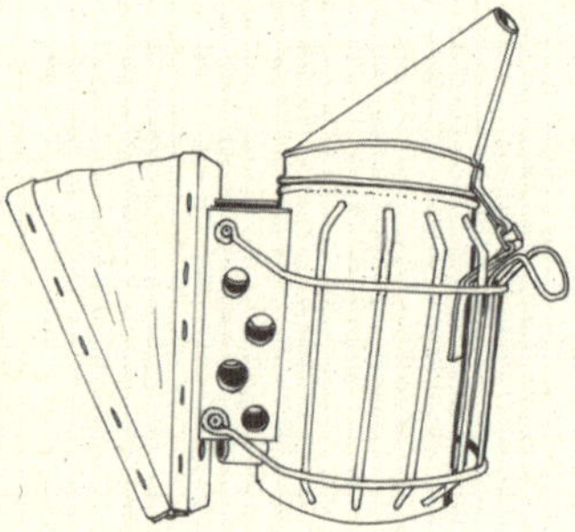

Pourquoi ?

La manipulation la plus anodine peut exceptionnellement entraîner une réaction imprévue des abeilles. Sans fumée, ce peut être la panique : risque de piqûres, troubles pour le voisinage, nécessité de refermer la ruche précipitamment en écrasant un certain nombre d'abeilles.

Quel combustible ?

Utilisez un combustible brûlant facilement : herbe sèche, aiguilles de pin ou copeaux de bois non traité. Vous trouverez des granulés de paille à combustion lente permettant une utilisation prolongée de l'enfumoir, avantage quand l'apiculteur est seul.

Comment l'allumer ?

1. Avec du papier journal. Enflammez une demi-page, bien chiffonnée, pas trop compressée.
2. Dès que le papier s'embrase, glissez-le dans l'enfumoir.
3. Ajoutez immédiatement du combustible sans le tasser.
4. Quand il commence à s'embraser, chargez généreusement en combustible en le tassant plus. Lorsqu'il alimente la flamme, augmentez l'apport de combustible neuf en le tassant plus énergiquement.
5. Entretenez constamment la combustion en actionnant le soufflet.

Comment diriger la fumée ?

La fumée doit être employée avec parcimonie. Elle doit être froide et blanche, et ne pas irriter les abeilles. Dès qu'elle devient plus sombre ou bleutée, elle se réchauffe et peut être accompagnée d'escarbilles incandescentes. Dans ce cas, rechargez l'enfumoir afin de ralentir la combustion.

1 Avant l'ouverture de la ruche, dirigez quelques légers jets de fumée vers l'intérieur par le trou de vol, pour avertir les abeilles. Un bruissement important vous signale que les abeilles ont bien reçu le message.

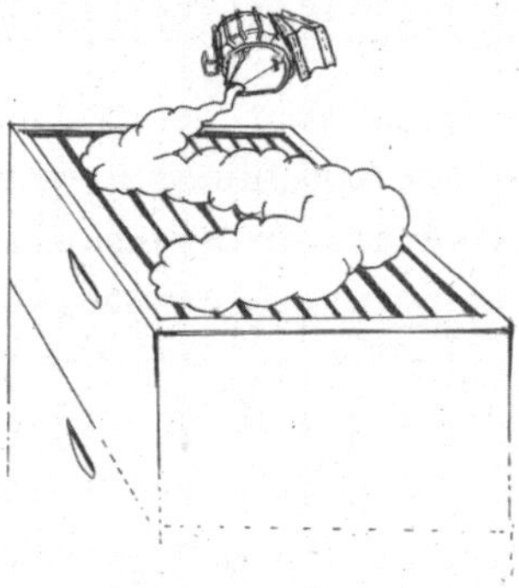

2 Dès le décollement du couvre-cadres, projetez les jets de fumée au-dessus des cadres de manière rasante, à plat. Il s'agit d'empêcher les abeilles de monter vers vous en les fixant sur les cadres. Débutez la visite de contrôle. Tout au long de l'intervention l'enfumoir peut être activé légèrement de manière à entretenir l'effet de la fumée.

3 Pour une récolte, renforcez l'enfumage et dirigez le jet de fumée plus profondément dans la ruche. Il s'agit de repousser les abeilles afin qu'elles désertent les cadres convoités. Attention : n'exagérez pas les émissions de fumée, vous pourriez donner un goût au miel.

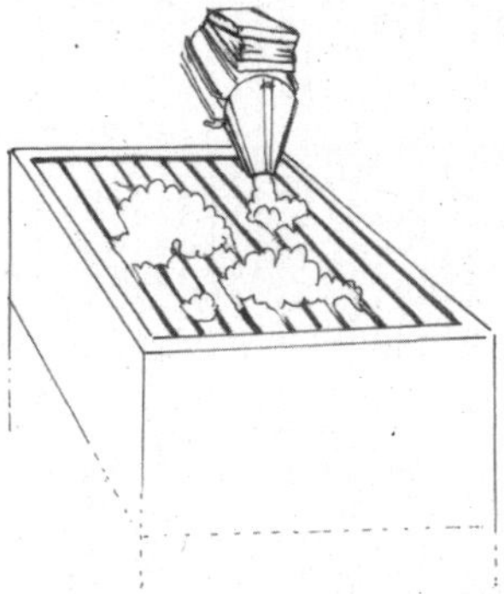

4 Par temps légèrement venteux, positionnez l'enfumoir de telle façon que la fumée soit rabattue vers la ruche.

Comment agit la fumée ?

La fumée agit de deux manières :

- Les abeilles reculent pour fuir cette agression.
- Face à une alerte, les abeilles – au premier rang desquelles les gardiennes – émettent une phéromone qui incite à l'attaque. La fumée en masque l'odeur, et la défense des abeilles s'organise moins bien.

Nourrir les abeilles

Pourquoi ?

Sous nos latitudes, en plaine, une ruche a besoin de 15 kg de provisions au début de l'hiver pour attendre le printemps et les premières floraisons. Si les réserves de la colonie s'avèrent trop faibles (mauvaise appréciation à l'automne, consommation accrue par des alternances de redoux et de rafraîchissements en hiver, printemps qui tarde à s'installer pour cause de froidure ou de pluies persistantes), il faut aider les abeilles en apportant quelques compléments de nourriture. En revanche, laissez-les en paix si elles sont déjà bien nanties naturellement : les abeilles risquent de stocker ces apports dans toutes les cellules disponibles, rétrécissant ainsi l'espace de ponte de la reine. Laissez-les vivre sur leurs réserves jusqu'aux premières miellées importantes ; elles recevront alors leurs premières hausses.

À quel moment ?

En automne pour augmenter les réserves et en sortie d'hiver jusqu'à l'amélioration des conditions climatiques permettant de substantielles entrées de nectar.

L'apport de nourriture se fait toujours à l'intérieur de la ruche, sous protection, hors d'atteinte des abeilles pillardes en provenance d'autres ruches, ou d'autres mendiants : guêpes, frelons et mouches. En automne un nourrissement, surtout au miel, peut favoriser un départ de pillage ; deux précautions sont à prendre :

- Procédez en fin d'après-midi, la nuit venant calmer tout début d'effervescence anormale.
- Obstruez les trous de vol sur la moitié ou les trois quarts de leur longueur. Le faible espace restant est plus facile à défendre pour les gardiennes.

Quelle nourriture ?

Les abeilles devraient toujours pouvoir vivre sur les réserves de miel qu'elles ont elles-mêmes constituées. Ces nourritures de substitution ne sont qu'un pis-aller qui n'aura jamais la même valeur que leur propre miel.

Le miel

C'est l'apport naturel, le meilleur possible. Liquide, il est proposé aux abeilles dans des nourrisseurs adaptés. Cristallisé, comme c'est souvent le cas plusieurs mois après la récolte, il est présenté directement dans le pot.

Les sirops

Vous pouvez les fabriquer en mélangeant 1 kg de sucre cristallisé dans 1 l d'eau. Toutefois, ils présentent un certain nombre d'inconvénients :

- Ils renferment beaucoup d'eau, laquelle devra être éliminée par les abeilles ;
- Le sucre industriel est du saccharose que l'abeille doit transformer en fructose et glucose (rôle de l'invertase) ;
- Ce mélange est instable et fermente s'il n'est pas pris très rapidement par les abeilles.

Pour toutes ces raisons, le sirop ne doit être administré que sous des conditions climatiques assez douces, laissant aux abeilles la possibilité de sorties régulières.

Il est toutefois possible de l'améliorer. En chauffant l'eau, on peut arriver à incorporer jusqu'à 65 % de sucre. En ajoutant un peu de vinaigre ou quelques gouttes d'eau de Javel, la fermentation est retardée. Sont en outre commercialisés des sirops à base de fructose et de glucose, dont le taux de sucre atteint 73 %. Un conservateur incorporé évite leur fermentation.

Le candi

Nourriture solide avec une faible proportion d'eau, son emploi convient mieux à la mauvaise saison. Il peut être préparé par l'apiculteur selon un processus assez compliqué : ébullition à 116 °C d'une solution sursaturée de sucre (10 kg pour 1,5 à 2 l d'eau) dans laquelle il incorpore environ 2 kg de miel. Il est bien plus simple d'acheter dans le commerce apicole du candi conditionné en poches plastiques de 2 à 2,5 kg. Sirops et candi peuvent recevoir des additifs protéinés.

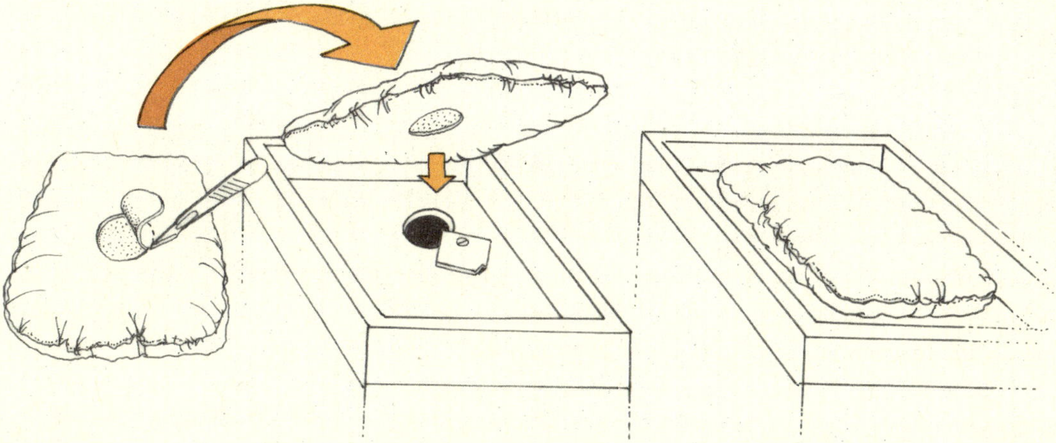

Poche de candi. *Un rond de 4 à 5 cm de diamètre (correspondant au trou central d'un couvre-cadres) est découpé dans le sac plastique. Le sac est ensuite placé sur le couvre-cadres : les abeilles peuvent monter directement se servir. En soulevant le toit, il est facile de contrôler la consommation des abeilles.*

À savoir

Ne proposez jamais aux abeilles du sirop ou du sucre candi quand les hausses sont en place sur les ruches. Les abeilles stockeraient alors du sirop et le transformeraient, mais le miel en résultant ne serait que du miel de… sirop !

Quelle quantité ?

Si vous utilisez un sirop susceptible de fermenter, versez-en une faible quantité dans les nourrisseurs (de l'ordre d'un demi-litre). Si les abeilles le prennent rapidement, renouvelez l'opération plusieurs fois tant que l'absorption est rapide. En fin d'été, quand la ruche est encore en pleine activité, l'apport de sirop peut être plus important (un nourrisseur couvre-cadres complet peut en recevoir 5 l et plus). Vous éviterez ainsi d'y revenir trop souvent.

Comment procéder ?

1. Soulevez légèrement la ruche par l'arrière afin de la soupeser et de vous rendre compte de ses provisions.
2. Tout apport de miel doit se faire dans la ruche en prenant un soin tout particulier à ce que les abeilles étrangères ne puissent l'atteindre. Les mêmes précautions seront prises pour le sirop ou le candi, mais le risque de pillage est infiniment moindre.
3. Installez un système de surélévation afin que le pot, la poche de candi ou le nourrisseur à sirop trouve sa place sans être écrasé par le toit. À défaut, une hausse dans laquelle une partie ou la totalité des cadres ont été enlevés fait l'affaire.

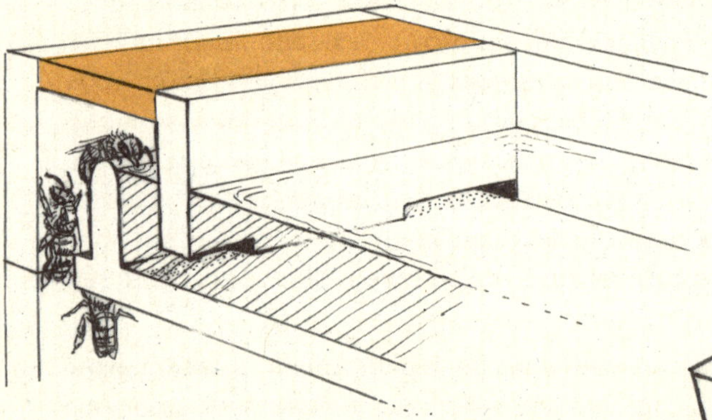

Détail des chicanes donnant aux abeilles accès à la nourriture liquide. L'étroitesse de cette zone d'accès fait que les abeilles ne se noieront pas, comme elles auraient pu le faire dans le bac principal.

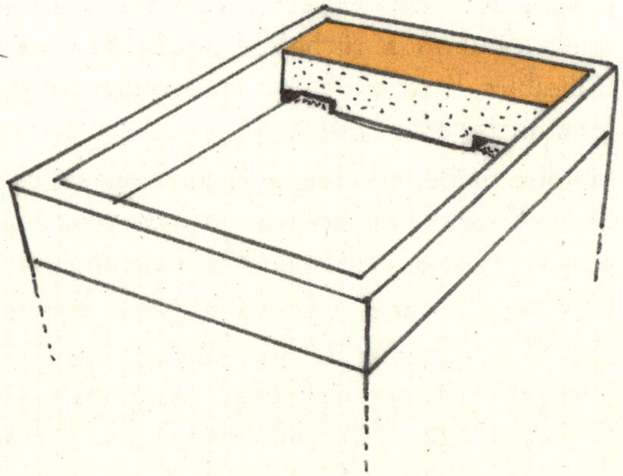

Nourrisseur couvre-cadres complet : un bac dans lequel est versé le sirop

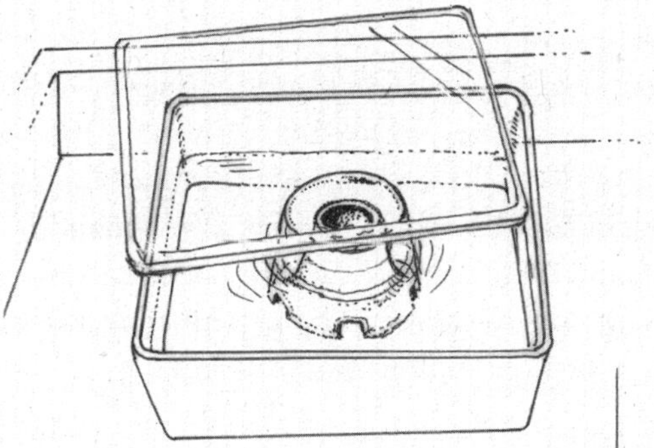

Autre type de nourrisseur très employé : plus petite quantité (de 1,5 à 2,5 l), en plastique

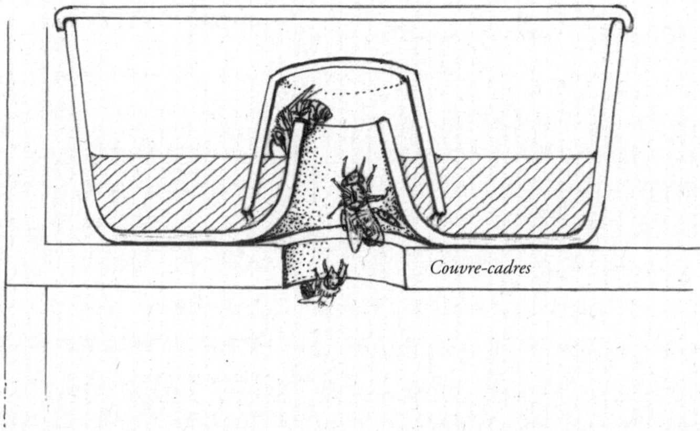

Détail des chicanes empêchant les abeilles de se noyer dans le bac principal

Avoir laissé des hausses sur les ruches tard en saison (fin août, début septembre) pour pratiquer une récolte tardive peut entraîner les abeilles à stocker leur butinage dans les hausses alors que le corps reste vide. Cette façon de conduire son apiculture est à proscrire, mais des raisons diverses peuvent vous y amener. Pour que les abeilles puissent constituer des réserves pour l'hiver, vous serez alors obligé de nourrir massivement. Vous le ferez le plus tôt possible à l'automne, tant que les conditions climatiques sont encore favorables (courant septembre et/ou première quinzaine d'octobre). Vous pourrez alors employer du sirop que les abeilles vont engranger bien plus vite que le candi. Si le rucher est proche de votre domicile, les petits nourrisseurs en plastique sont utilisables. Il est très facile de surveiller la prise des abeilles et l'on renouvelle l'apport tant que les nourrisseurs se vident.

Si votre rucher est éloigné et que vous ne pouvez vous y rendre régulièrement, il faudra avoir recours aux grands nourrisseurs couvre-cadres qui contiennent plusieurs litres. Vous nourissez plus ou moins à « l'aveugle », sans aucun contrôle sur la vitesse de prise. Il est préférable d'utiliser le sirop de fructose, plus riche en sucre assimilable directement et ne fermentant pas.

Nettoyer fonds ou plateaux de fond

Une solution : les plateaux grillagés

Le grillage limitant l'accumulation des débris et l'humidité, le nettoyage peut se résumer à un bon coup de brosse trempée dans de l'eau javellisée.

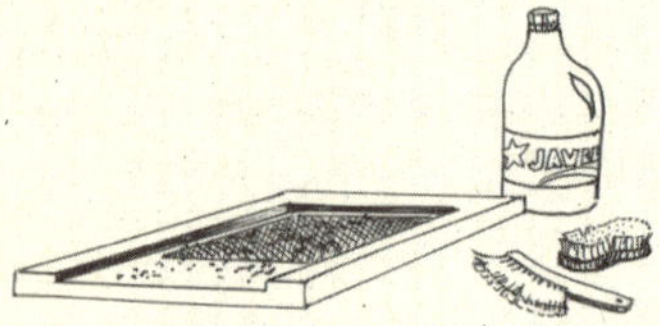

POURQUOI ?

Tout l'hiver les abeilles, avec leurs mandibules, grignotent les opercules pour atteindre le miel. Si le fond n'est pas grillagé, les débris s'y accumulent, se chargent de l'humidité de la ruche et pourrissent : magnifique terrain de culture pour bactéries et autres moisissures.

QUAND INTERVENIR ?

10-12 °C suffisent. Cette température permet aux quelques abeilles qui se sont envolées de rejoindre leurs sœurs. Évitez les temps pluvieux ou venteux.

COMMENT PROCÉDER ?

1. Prévoyez au moins un plateau propre supplémentaire.
2. Décollez simplement la ruche de son plancher. Si vous êtes seul, posez-la à côté pendant le nettoyage. Le mieux est de travailler à deux : l'un tenant la ruche en l'air pendant que le second échange les plateaux.
3. Retirez le plateau sale.
4. Mettez immédiatement en place le plateau propre.
5. Reposez la ruche.

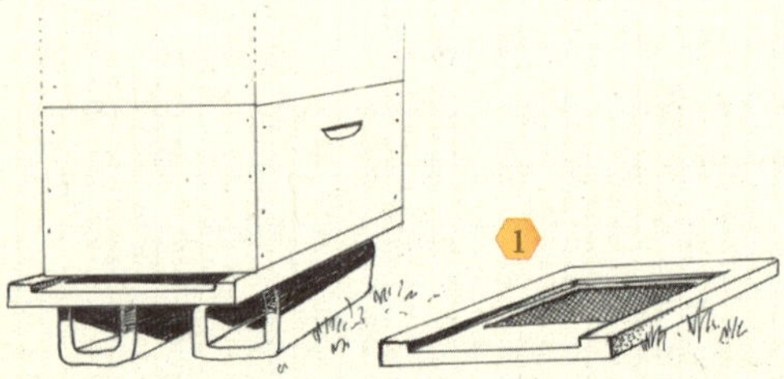

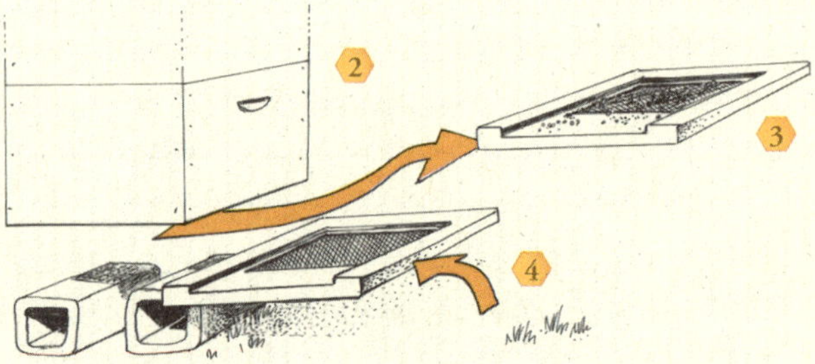

Renouveler les cadres de corps

Pourquoi ?

Dans le corps de ruche, les cadres de cire restent plusieurs années. Ils hébergent les réserves de miel et de pollen ainsi que les générations successives de larves et de nymphes. Leurs cires vieillissent, deviennent noires. Les résidus des cocons de soie dont s'entourent les nymphes rétrécissent le volume intérieur des alvéoles, la nurserie se dégrade. Par ailleurs, la cire peut se charger de résidus chimiques résultant des traitements des cultures que l'abeille visite et des traitements anti-varroa. Enfin, la reine répugne à pondre dans des cadres dont la cire est trop vieille.

Quand intervenir ?

Au printemps, courant avril, quand les glandes cirières des abeilles sont en pleine activité.

Combien de cadres changer ?

Sur 10 cadres, changez 2 cadres tous les ans. Ne renouvelez que les vieux cadres placés aux extrémités de la ruche.

Comment procéder ?

1. La conduite des changements de cadres lors des années précédentes a amené les plus anciens (2004 dans l'exemple p. 123) vers l'extérieur en rives.
2. Les cadres neufs, équipés d'une simple cire gaufrée 2009, ne doivent en aucun cas être placés au centre du couvain.
3. Les cadres les plus anciens (2004) sont retirés. Les cadres 2005 glissent à leur place. Ils deviennent les cadres les plus vieux. Ils disparaîtront en 2010.
4. Les cadres de cire gaufrée 2009 sont placés en position 2 et 9 à la place des cadres 2005 qui sont partis en rives, position 1 et 10.

À savoir

1. Travaillez avec calme. Tuer une reine peut être catastrophique pour la colonie. Certes, la présence d'œufs et de jeunes larves permet aux ouvrières de démarrer un élevage royal. Cependant, quand cette jeune reine sortira pour faire son vol de fécondation, des mâles matures seront-ils encore présents dans l'environnement ?
2. Ne placez jamais un cadre muni d'une cire gaufrée entre deux cadres contenant du couvain.
3. Dans les ruches qui possèdent beaucoup de réserves, les cadres éliminés peuvent contenir du miel. Replacez-les dans une ruche plus faible en remplacement de vieux cadres complètement secs. Mais attention, vous prenez le risque énorme de transmettre bactéries, spores et autres virus d'une colonie à l'autre.
4. Ces cadres chargés d'un peu de miel peuvent aussi être stockés dans des boîtes bien fermées. Ils seront utilisés plus tard en saison pour aider au démarrage d'essaims naturels ou artificiels. Même réserve quant aux risques sanitaires.

Des cadres propres pour une colonie saine

Pensez toujours aux conditions d'hygiène de la ruche. Nettoyez le matériel avec un désinfectant après chaque visite. Utilisez des cadres neufs ; ne les échangez pas avec un collègue apiculteur. Les risques de maladies sont en effet nombreux, parmi lesquels la nosémose qui affecte les intestins de l'abeille et l'affaiblit.

5 Selon la météo, ils seront bâtis en quelques semaines. Un simple retrait, très bref, du couvre-cadres permet de contrôler la construction des alvéoles.

6 Dès que la construction est très avancée, ces cadres 2009 sont extraits. Les cadres 2006, 2007 et 2008 glissent d'un cran vers l'extérieur, libérant les positions les plus centrales. Les cadres 2009 sont insérés à ce niveau. Les cadres les plus récents sont maintenant situés en plein centre.

7 Il arrive, alors que les cadres neufs étaient installés en position 2 et 9, que la reine ait déjà commencé à pondre dans ces cires toutes fraîches.

8 Très souvent l'une des deux cires gaufrées aura une avance de construction. Il est alors possible de ne déplacer que celle-ci et de répéter l'opération avec la seconde une à deux semaines plus tard, quand l'état de la construction sera jugé satisfaisant. Seul inconvénient : il faut intervenir deux fois.

9 Une méthode plus fine existe. Les 2 cadres 2004 sont toujours enlevés pour libérer de la place. Les cadres 2005 voire 2006 sont glissés vers l'extérieur jusqu'à ce qu'apparaisse la première face de cadre portant du couvain. La cire gaufrée est placée immédiatement à son extérieur. Le bâti du cadre sera beaucoup plus rapide. Dès que possible ces cadres néo-bâtis finiront leur migration vers le centre.

10 Seule critique : les derniers cadres écartés, au ras du couvain, sont partiellement garnis de pollen, nourriture destinée au couvain. Ce n'est pas très grave : les nourrices franchiront la cire gaufrée sans grandes difficultés.

Une seule règle absolue : on ne coupe jamais le couvain avec une cire gaufrée, tout au moins en ces périodes de début de printemps accompagnées d'une météo ni très stable ni très douce.

L'opération « changement de cadres de corps » est lancée courant avril quand les abeilles vont avoir leurs glandes cirières en pleine activité

Les cadres 2005 (2 & 9) glissent vers les espaces en 1 & 10

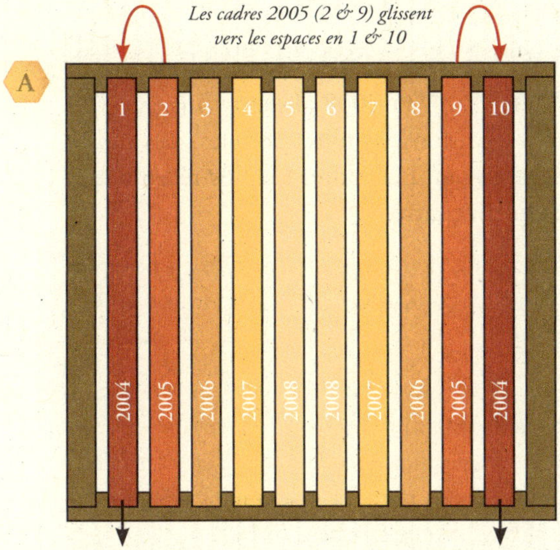

Les cadres 2004 sont ôtés, leurs deux emplacements sont libres

Les places des cadres 2005 sont libres

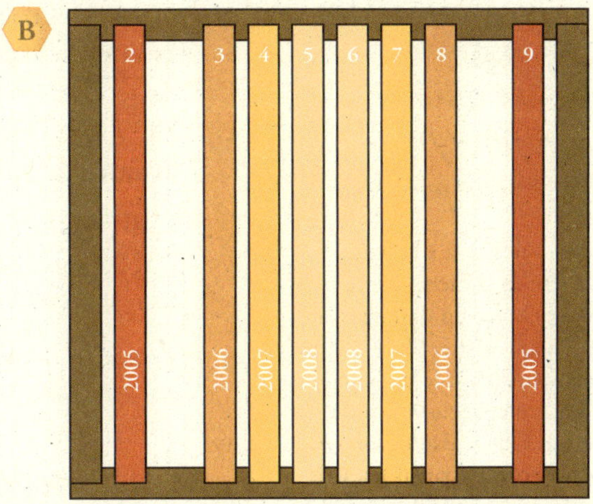

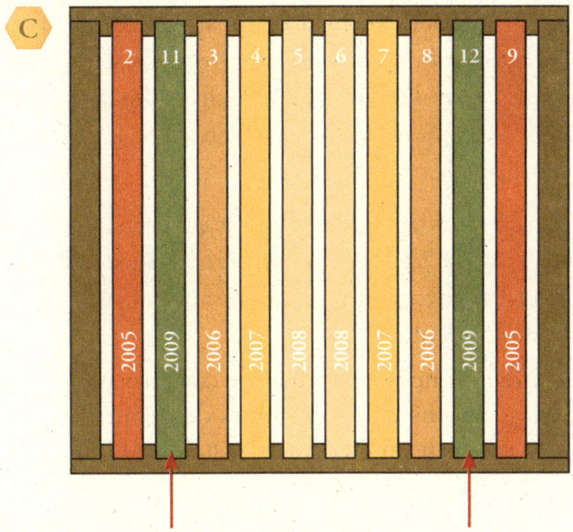

Mise en place d'un cadre ciré neuf 2009

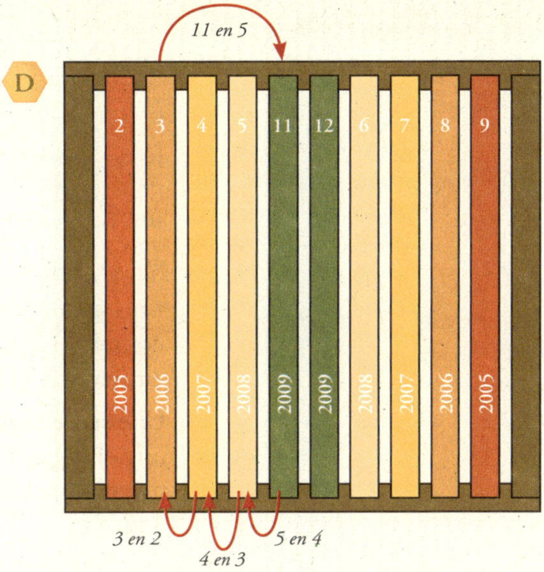

- 2009 bâti est ôté et placé au centre
- 3, 4, 5 glissent d'un cran vers l'extérieur

Installer des hausses

Pourquoi ?

La saison avançant, la température se réchauffe et les floraisons se développent. Les abeilles engrangent leurs récoltes dans les cadres de corps. Parallèlement la reine a besoin de plus de cellules pour pondre. La colonie risque de chercher de la place en essaimant. L'apiculteur doit surveiller attentivement l'expansion de la colonie et proposer aux abeilles des volumes supplémentaires sous forme de hausses.

Combien de hausses ?

Ne pas dépasser trois hausses sur une ruche. Au-delà le travail lors de la récolte est plus pénible. Les nectars seront mélangés, la production s'orientera obligatoirement vers des miels toutes fleurs.

Quand intervenir ?

Au printemps, dès que les abeilles envahissent les 9 ruelles séparant les 10 cadres du corps. De même pour les hausses : le garnissage de tous les cadres d'une hausse entraîne la mise en place d'une hausse supplémentaire.

Comment procéder ?

Deux méthodes sont possibles lors de la mise en place des premières hausses.

Méthode 1

Posez la hausse directement sur le corps de ruche.

Avantages. L'accès est totalement libre pour les ouvrières comme pour la reine qui monte dans la hausse et y place ses œufs. Beaucoup de place, donc beaucoup de naissances et un excellent développement de la colonie.

Inconvénients. Les abeilles envahissent ainsi un, deux, quelquefois plusieurs cadres, ce qui sera gênant au moment de la récolte, car il faudra bien se garder de détruire ce couvain.

Méthode 2

Avant d'installer la hausse, placez sur le corps de ruche une grille à reine. Ce treillis métallique entouré ou non d'un cadre en bois ou en plastique, souple ou rigide, doit avoir un maillage bien calculé permettant le passage des ouvrières et empêchant celui de la reine.

Avantages. Pas de couvain dans les hausses lors des premières récoltes. Très important pour certains miels qui cristallisent vite, comme le colza, pour lesquels les récoltes ne peuvent supporter le moindre retard.

Inconvénients. Si les provisions en miel abondent dans le corps de ruche et que la reine n'a plus de place pour pondre, la ponte risque d'être bloquée. Avec un risque d'essaimage. La surveillance du remplissage du corps doit être accrue. Il faudra éventuellement retirer des cadres de miel ou de pollen trop richement garnis.

Un compromis. Placez la grille à reine au-dessus de la première hausse. Si la ponte de la reine déborde, elle se cantonnera à une seule hausse.

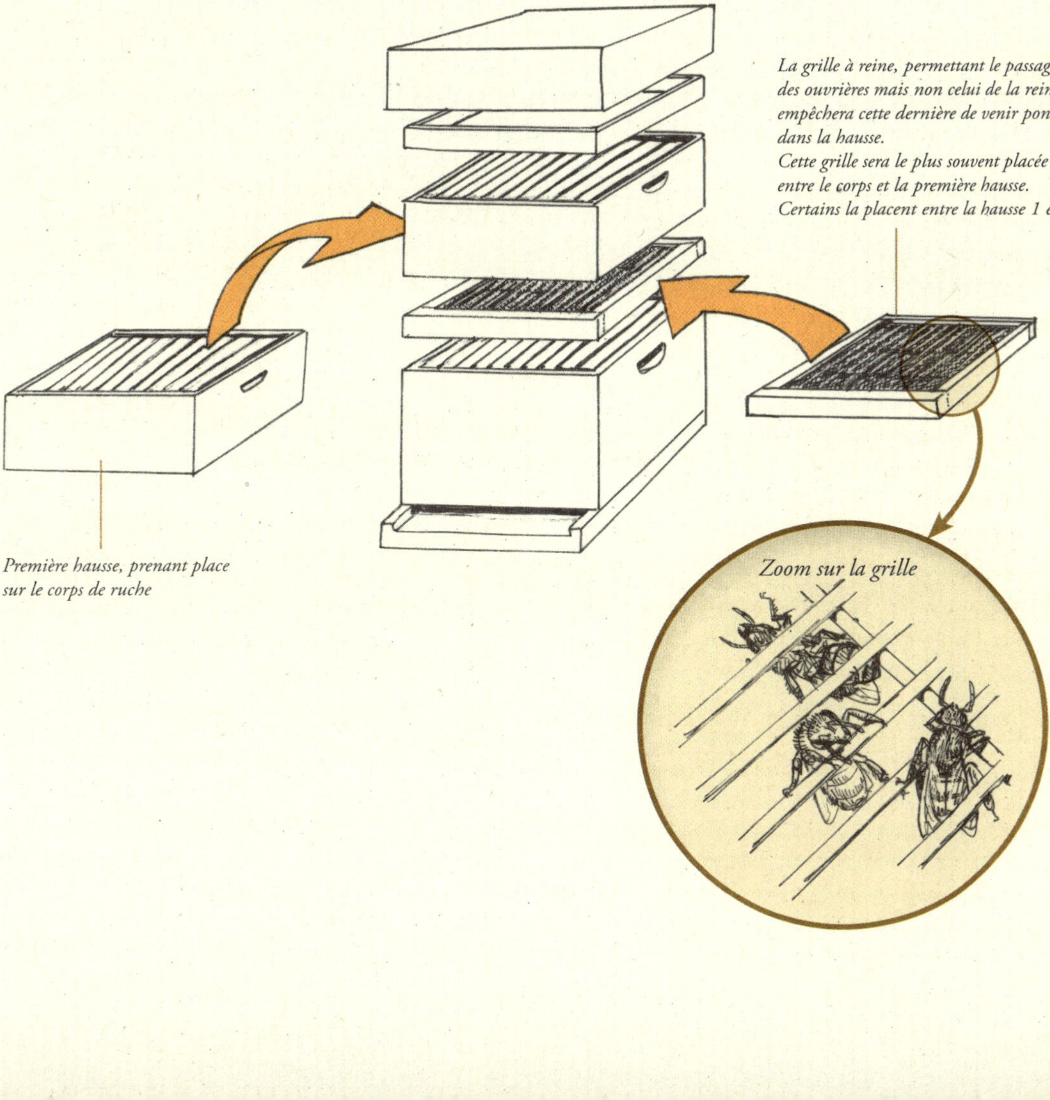

La grille à reine, permettant le passage des ouvrières mais non celui de la reine, empêchera cette dernière de venir pondre dans la hausse.
Cette grille sera le plus souvent placée entre le corps et la première hausse.
Certains la placent entre la hausse 1 et 2.

Première hausse, prenant place sur le corps de ruche

5

Encyclopédie Hachette des connaissances agricoles

La récolte du miel

Décider de la récolte

Quand récolter ?

Si vous ne déplacez pas les ruchers vers les grandes étendues monoflorales, vous produirez des miels toutes fleurs. Cantonnez-vous à une première récolte dans la deuxième quinzaine de juin et à une seconde à la fin des dernières floraisons importantes, de mi-juillet à début août au plus tard. Toutefois, certaines circonstances modifient ces données.

- Certains miels cristallisent très vite dans la ruche. Si vous attendez trop, les cadres seront remplis de miel cristallisé, impossible à extraire. L'exemple classique est le colza.
- Si vous souhaitez produire des miels monofloraux, récoltez dès la fin de la floraison de la plante cible.
- Si vous n'avez plus de hausses disponibles, extrayez le miel pour replacer les hausses vides sur les ruches.
- Si vous bénéficiez dans votre environnement de sources florales particulières, vous récolterez, par exemple, le tournesol (à la campagne) ou le sophora (en ville) pendant l'été, les bruyères en fin d'été et au tout début d'automne.

Vérifiez le taux d'humidité

Le miel contient environ 80 % de sucres et 20 % d'eau. Au-delà de 20 % d'eau, les risques de fermentation sont réels. Cette limite, fixée par les textes, est abaissée à 18 % par la plupart des apiculteurs, qui augmentent ainsi la longévité de leur produit, et les organisateurs de concours.
Le contrôle de la teneur en eau peut être effectué au rucher sur un échantillon prélevé d'un cadre de miel. Contentez-vous d'apprécier dans les hausses l'importance de la surface operculée sur les cadres. Si celle-ci est totale ou très majoritaire, la récolte peut commencer.

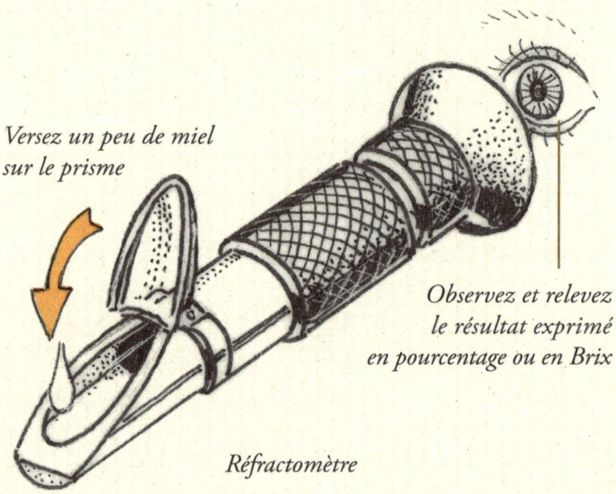

À la miellerie, utilisez un réfractomètre pour plus de précision. Une miellerie équipée d'un déshumidificateur permet d'abaisser légèrement le taux d'humidité pour un miel qui serait proche de la limite.

La récolte : comment procéder ?

Il existe plusieurs méthodes. Le choix se fera en fonction :

1. **D'habitudes personnelles.**

   Certaines variantes techniques permettent d'atteindre le même résultat. Le tout est de maîtriser correctement une pratique. Votre savoir-faire se perfectionnera au fil du temps, les erreurs étant riches d'enseignement ! Vouloir appliquer et mélanger les idées des uns et des autres est le meilleur moyen d'arriver à un mauvais compromis. Ne rejetez cependant pas les conseils : ils peuvent permettre de progresser ou de trouver des solutions applicables à certains cas particuliers.

2. **De la situation du rucher en zone de forte densité urbaine ou, au contraire, en situation rurale isolée.**

   Dans le second cas, vous serez seul à subir la colère des abeilles, le voisinage étant suffisamment éloigné pour ne pas être inquiété. En revanche, sachant que la récolte est une des manipulations qui font le plus réagir les abeilles, sa conduite en ville doit être entourée de précautions.

   Intervenez sous des conditions météorologiques favorables :

   - beau temps, pas ou peu de vent, pas de situations orageuse ;
   - relativement tôt en matinée ou vers la fin d'après-midi. À ces heures tempérées, les abeilles quittent la ruche pour butiner. Par ailleurs, l'apiculteur supportera mieux les vêtements de protection !

   Opérez pendant les horaires scolaires. Les enfants ne seront pas en train de jouer dans les parages.

3. **Du nombre d'opérateurs présents.**

   Certaines manipulations faciles à mettre en œuvre si l'on est deux ou trois le seront moins pour une personne seule.

4. **De la durée de l'opération, qui est fonction du nombre de ruches à récolter et du nombre d'opérateurs.**

   Une récolte qui traîne en longueur a toutes les chances de faire augmenter la fièvre du rucher.

Le matériel de récolte

Réunissez tout le matériel nécessaire au préalable.

- La tenue vestimentaire de protection (voir page 76).
- L'enfumoir.
- Une petite table afin de poser vos outils et surtout la hausse vide ou la boîte recevant les cadres extraits. Une ruche voisine, à toit plat, fait aussi l'affaire.
- Un seau en plastique rempli d'eau pour le rinçage des mains et des instruments.
- Un seau vide avec couvercle pour les déchets de cire emmiellés.
- Des hausses avec des cadres vides pour remplacer les cadres pleins retirés.
- Une ou plusieurs hausses vides pour stocker les cadres retirés dans la méthode de récolte cadre par cadre (voir page 132).
- Une boîte à cadres en plastique qui recevra tous les cadres d'une hausse. Son couvercle permet de mettre la récolte à l'abri.
- Un plateau en contreplaqué qualité Marine ou, mieux, en Inox, de surface suffisante pour y poser une hausse ; la récupération des coulées de miel provenant des alvéoles ouverts lors de la manipulation sera plus facile.
- Une brouette pour transporter les hausses pleines : elles peuvent peser chacune entre 20 et 25 kg !
- Le petit matériel : lève-cadre, tournevis, brosse.

Vous récoltez en pleine saison mellifère

Une ruche ne doit pas être privée trop longtemps de toutes ses hausses, car il n'y aurait plus d'espace de stockage. Si vous récoltez cadre par cadre, la dernière hausse vidée de ses cadres pleins doit être immédiatement remplie de cadres bâtis secs ou de cadres garnis de cires gaufrées. Si la récolte se fait par hausses entières, la dernière hausse enlevée est immédiatement remplacée par une hausse garnie de cadres bâtis ou gaufrés.

Vous pratiquez la dernière récolte de la saison

Le butinage n'amène plus grand-chose à la ruche, le problème de stockage n'est plus critique. D'autant que la ponte de la reine se ralentissant, des cellules vides se libèrent dans les cadres de corps : c'est là que les abeilles constituent les provisions d'hiver.

- Ne leur proposez pas des hausses vides qui pourraient les inciter à garnir un espace destiné à être retiré de la ruche. Les hausses qui partent à la miellerie sont ensuite remises sur les ruches pour quelques jours seulement, afin que les cadres soient léchés avant stockage d'hiver.
- Une bonne habitude, si vos ruches sont équipées d'un couvre-cadres avec trou central, est de poser les hausses à lécher au-dessus du couvre-cadres (trou central ouvert, bien entendu). Les abeilles trouveront très facilement le chemin pour faire le ménage et auront moins tendance à considérer ces hausses vides comme un espace de stockage.
- La ou les hausses ainsi mises à lécher doivent être couvertes d'un second couvre-cadres interdisant tout passage des abeilles par le haut, sinon c'est le pillage assuré !

Vérifiez que les hausses sont pleines

Avant de procéder à la récolte, vous devez vous assurer que les cadres sont pleins et operculés.

1. Ouvrez la ruche afin d'accéder aux cadres de la hausse supérieure.
2. Sortez deux cadres minimum, l'un en plein centre, le second sur les bords (cadre de rive).
3. Vérifiez le premier cadre. Il a toutes les chances d'être plein et operculé, les abeilles étendant le plus souvent leur activité depuis le centre vers les rives.
4. Observez le second.
   – Il est plein et les alvéoles sont operculés dans leur grande majorité : c'est parfait.
   – Il est bien rempli, mais l'operculation n'est pas complète. Faites le test suivant : tenez le cadre fermement et secouez-le au-dessus de la hausse ouverte. Si rien ne s'écoule des alvéoles, c'est que la teneur en eau du miel est assez basse. La transformation du nectar en miel est suffisante. Vous pouvez récolter.
   – Si de multiples gouttelettes s'échappent du cadre secoué, halte-là : ce miel qui n'est encore qu'un nectar incomplètement transformé ne doit pas aller à la miellerie.

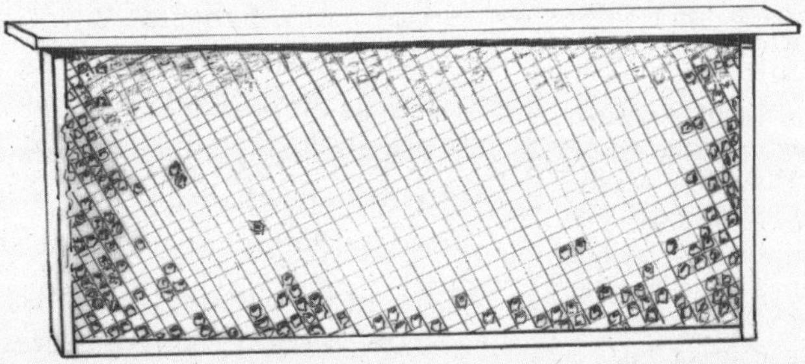

Cadre non encore operculé, qui ne peut pas être récolté

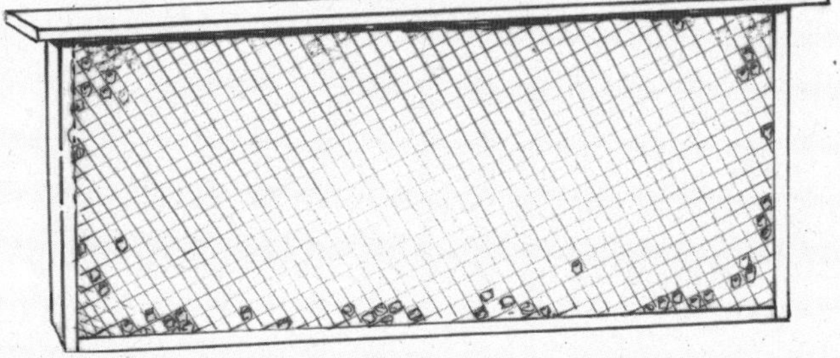

Cadre plein de miel dans lequel tous les alvéoles sont fermés, operculés

Récolter cadre par cadre

Comment éviter les pillages ?

Au cours des premières récoltes, jusqu'à la fin juin, le risque de pillage est faible car les abeilles sont occupées au butinage. Mais à partir de juillet, la manne se fait plus rare, les abeilles sont à l'affût de la moindre substance sucrée à récupérer.

Ramassez les plus petites parties de rayons chargés de miel ainsi que les gouttes de miel ; enfermez-les dans un pot ou un seau. Rincez les outils, lève-cadre, brosse, chargés de miel.

Déposez-les dans un seau d'eau quand vous ne vous en servez pas.

Avantages

Cette méthode, lente mais facile à mener, respecte les abeilles.

Précautions

Travaillez à deux : votre second, muni de l'enfumoir, devra maintenir les abeilles dans le bas de la ruche. Il n'est pas indispensable de remplacer immédiatement la totalité des deux ou trois hausses retirées de la ruche. Une seule hausse vide suffit pour quelques jours. En revanche, il faudra remettre les hausses contenant les cadres après l'extraction du miel.

Comment procéder ?

1. Allumez l'enfumoir.
2. Enlevez le toit et le couvre-cadres afin de découvrir les cadres de hausse.
3. Refoulez partiellement les abeilles vers le bas grâce à un enfumage puissant et plongeant dans les ruelles entre les cadres.

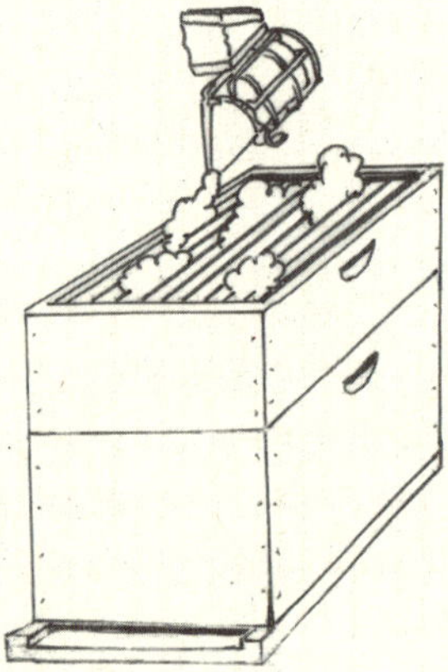

4. Avec le tranchant du lève-cadre américain, éliminez les constructions accessoires qui relient les barres supérieures des cadres entre elles, ainsi que les liaisons de cire entre le cadre et la paroi de la ruche. Sectionnez-les afin d'ouvrir un minimum d'alvéoles gorgés de miel. Mettez les morceaux de cire dans le seau à couvercle.

5 Retirez un cadre de rive. Levez-le par une extrémité à l'aide d'un tournevis. Si la résistance au soulèvement est forte, cela indique que la latte verticale du cadre est collée par la propolis à la paroi verticale de la hausse ; n'insistez pas, au risque de tout casser. Passez à l'autre extrémité. En décollant le cadre en oblique, la propolis va rompre et le cadre se retirer plus aisément.

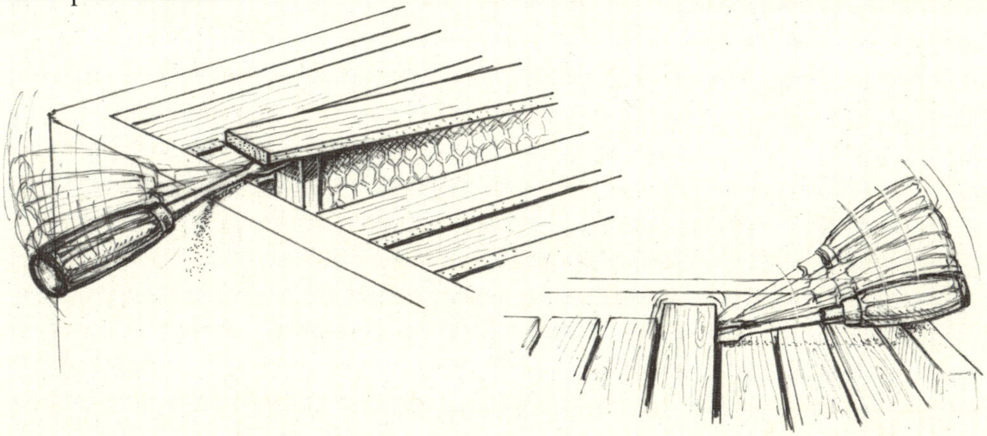

6 Avec la brosse, chassez doucement les quelques abeilles accrochées au cadre.

7 Déposez ce premier cadre dans la hausse de transfert ou dans la boîte de transport.

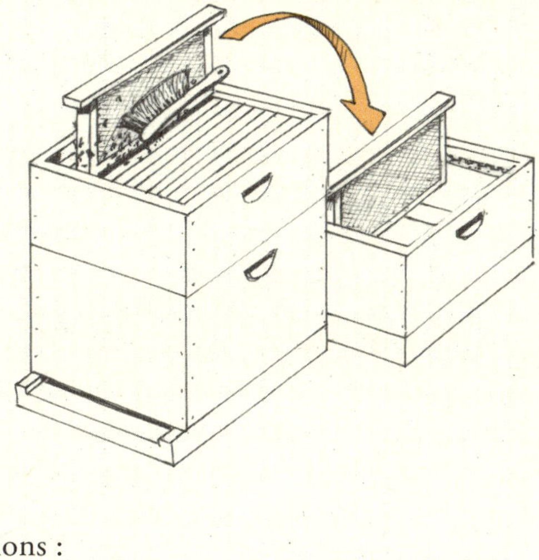

8 Décollez un deuxième cadre. Inclinez-le pour le retirer. L'espace vide entre deux cadres étant maintenant plus grand, vous risquez moins de « rouler » les abeilles entre les deux surfaces operculées.

9 Utilisez la fumée avec mesure : le miel pourrait en prendre l'odeur. Le risque est minime sous les opercules, mais plus grand au niveau des cellules non operculées.

10 Lorsque tous les cadres ont été ôtés, deux solutions :

- Laissez la hausse vide, bien collée aux étages inférieurs par la propolis. Garnissez-la avec des cadres secs. Elle se remplira de la récolte suivante.
- Décollez la hausse vide et remplacez-la par une nouvelle hausse pleine de cadres secs.

11 Si la ruche comporte deux ou trois hausses, répétez l'opération sur chacune d'entre elles.

Récolter avec un chasse-abeilles

Matériel spécifique

Deux modèles équivalents : le chasse-abeilles rond (1) et le losange (2). Ils sont disponibles dans tous les magasins de fournitures apicoles. Le modèle losange se fixe sous un couvre-cadres normal. Le modèle rond s'encastre dans un trou de 115 mm de diamètre percé dans un couvre-cadres.

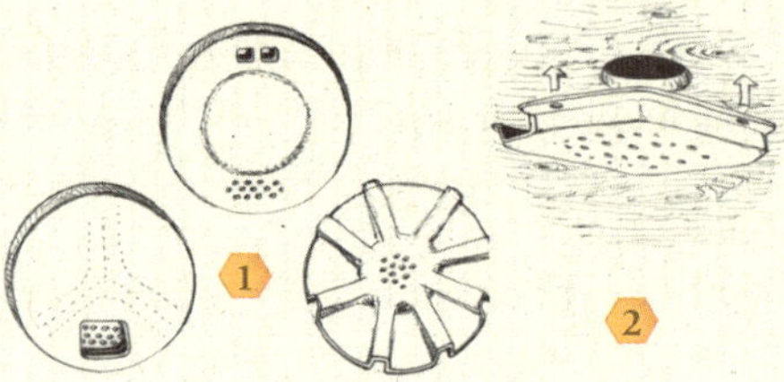

Avantage

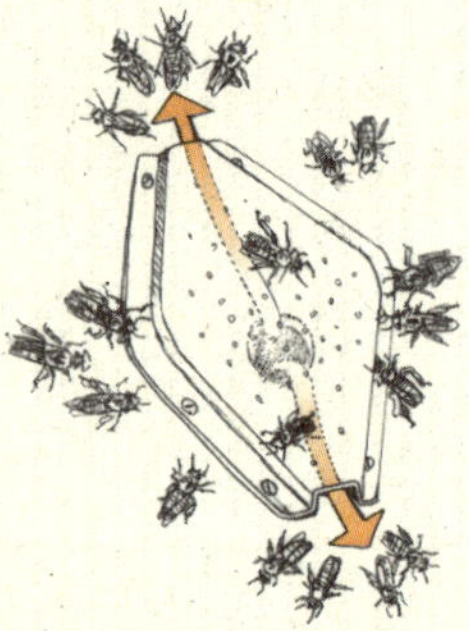

Le chasse-abeilles permet que les abeilles désertent les hausses. Le résultat est moins bon si les hausses renferment du couvain, les nourrices n'abandonnant pas les larves qu'elles nourrissent et réchauffent.

Le chasse-abeilles est fixé sous le trou du couvre-cadres. Sa grande ouverture correspond au trou central du couvre-cadres. La sortie des abeilles se fait par les petites ouvertures excentrées aux extrémités. Ces pertuis seront difficiles à emprunter en sens inverse. Le principe général de fonctionnement : la partie supérieure du chasse-abeilles possède une ouverture de plusieurs centimètres que les abeilles vont trouver très facilement, d'autant plus que sous cette grande ouverture existent une série de petits trous laissant monter les odeurs attractives de la ruche. Les abeilles engagées entre les parois supérieures et inférieures du chasse-abeilles, pourront regagner le bas par de petites issues très excentrées qu'elles auront bien du mal à retrouver en sens inverse. Peu à peu la ou les hausses se vident et il n'y aura quasiment plus personne 36 à 48 heures plus tard.

Comment procéder ?

Le couvre-cadres doit être placé très rapidement sous les hausses. Sinon les abeilles se répandent sur les bords des hausses déplacées et seraient écrasées lors de la remise en place. Dans l'idéal, il faudrait autant d'opérateurs que de hausses à lever, plus un qui place le chasse-abeilles.

Précautions

24 à 48 heures avant la récolte prévue, enlevez le toit de la ruche.

1. Décollez et enlevez la ou les hausses devant être récoltées. Posez-les brièvement sur un support à côté de la ruche. Ne cherchez surtout pas à en chasser les abeilles.
2. Très rapidement, mettez en place, au-dessus du corps, le couvre-cadres aménagé.
3. Reposez les hausses avec leurs cadres pleins et leurs abeilles. Revenez le lendemain.

Récolter avec un souffleur

MATÉRIEL SPÉCIFIQUE
Un simple souffleur à feuilles. Modèle électrique (moins bruyant) si possible. Modèle thermique dans le cas contraire.

AVANTAGE
Méthode très rapide, elle ne semble pas trop brutale pour les abeilles qui, perturbées par ce torrent d'air, ne pensent même pas à s'en prendre à l'opérateur.

PRÉCAUTIONS
Si vous débutez, placez impérativement une grille à reine (voir p. 125) sur le corps de ruche en début de saison, avant d'installer la hausse. Si la reine était présente dans la hausse lors du soufflage, elle serait chassée comme les autres par le courant d'air et risquerait de ne pas revenir dans sa ruche.

COMMENT PROCÉDER ?

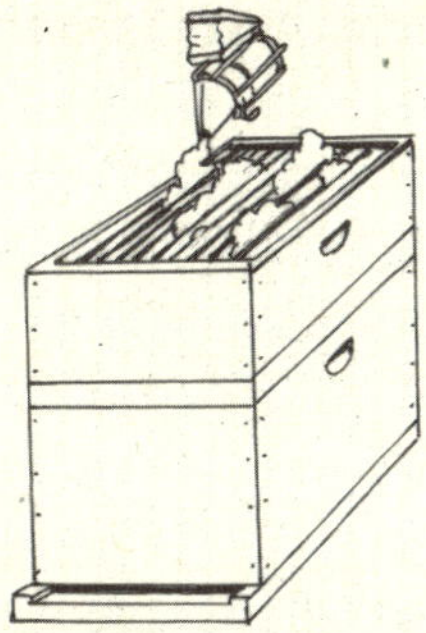

1. Pratiquez un léger enfumage pour avertir les abeilles de votre intervention.
2. Décollez la hausse supérieure sans en chasser les abeilles.

3. Dressez la hausse à la verticale (les cadres eux-mêmes étant verticaux) et posez-la sur un support : toit plat d'une ruche voisine, petite table…
4. Mettez en marche le souffleur à feuilles.
5. Tenez-le à environ 50-60 cm de la hausse, puis approchez-le progressivement. Les abeilles sont chassées vers l'avant des ruches. Évitez de piétiner cette zone : bon nombre d'abeilles restent au sol un certain temps.

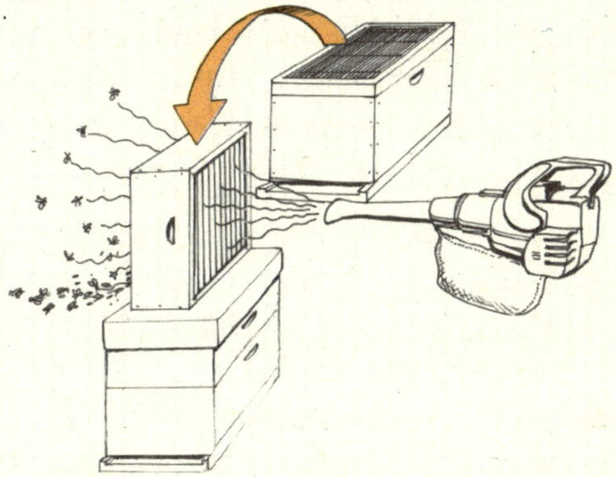

6

Encyclopédie Hachette des connaissances agricoles

La miellerie

Préparer local et matériel

Le local

Le miel est un produit remarquablement stable. La présence de certaines diastases (substances azotées) lui assure des propriétés antiseptiques. Néanmoins, veillez aux règles de propreté élémentaires.

La superficie du local. Même si elle n'est pas très grande, la pièce doit être affectée exclusivement au travail du miel. Elle ne doit pas servir au stockage de matériels divers, même apicoles.
Le débutant utilise souvent la salle de bains, la cuisine familiale ou encore le garage de sa maison comme miellerie de fortune. Dans tous les cas, nettoyez scrupuleusement la pièce. Pendant le traitement du miel, le garage sera bien sûr interdit à la voiture, les gaz d'échappement étant totalement contre-indiqués.

Sols et murs. De préférence carrelés, ils doivent pouvoir être lavés à grande eau avant et après l'extraction du miel. Vous pouvez couvrir le sol d'une grande feuille de plastique, mais elle risque de se déplacer et de se trouer aux pieds des extracteurs et autres ustensiles lourds.

Le matériel

Plateaux

Les hausses contenant les cadres à extraire ne sont pas placées au sol, mais sur des plateaux en Inox, avec un léger rebord de quelques centimètres et montés sur roulettes. Le rebord empêche le peu de miel qui s'écoule de se répandre sur le sol et les roulettes permettent le déplacement de l'ensemble sur un sol régulier. Une pile de 5 à 6 hausses peut être ainsi facilement déplacée. Si vous avez 2 ou 3 ruches, un seul plateau peut être suffisant. Toutefois il est bien pratique d'en avoir un second pour empiler les hausses recevant les cadres déjà extraits.

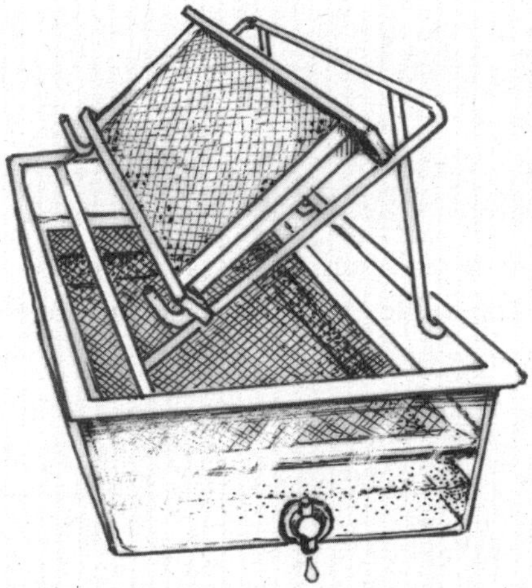

Bac à désoperculer

Simple bac en plastique surmonté d'une grille ou bien bac plus important en Inox : tout dépend de la taille de votre miellerie et de vos finances. Les opercules et le miel sont récupérés en partie basse par un tamis, qui assure un premier filtrage entre les débris de cire et le miel. Si le bac est équipé d'un robinet, le miel est plus facilement récupéré. Des modèles plus importants existent. Ils vous permettront de travailler plus rapidement (voir p. 140).

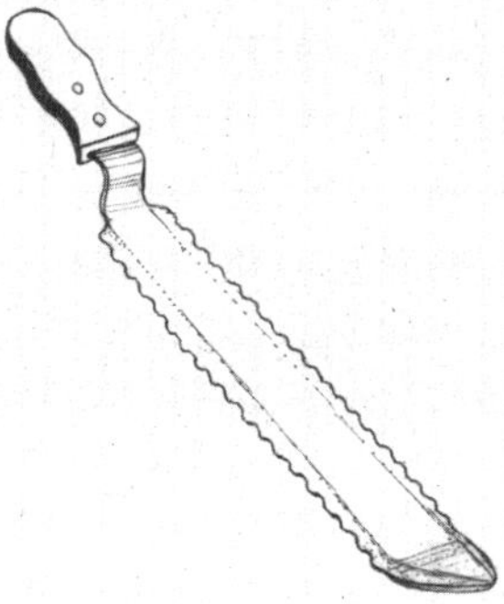

Couteau à désoperculer

Il permet d'éliminer les opercules. Sa lame, longue de 25 à 28 cm, présente deux tranchants dentelés et une extrémité légèrement recourbée.

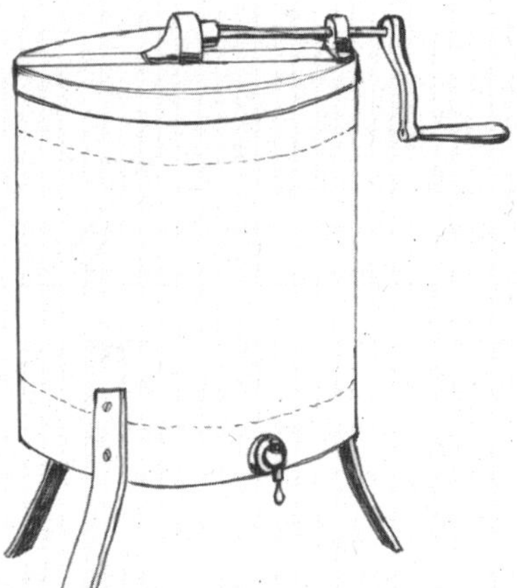

L'extracteur

Vers 1850, un major autrichien, von Hruschka, constate que la force centrifuge conduit le miel hors des alvéoles des rayons récoltés. En 1865, il présente le premier extracteur.

Aujourd'hui, c'est une cuve en Inox équipée d'un robinet en partie basse. Une cage centrale reçoit les cadres désoperculés, puis est mise en rotation (quelques centaines de tours par minute). Le miel est ainsi projeté le long des parois internes de l'extracteur et coule vers le bas. L'ouverture du robinet permet de remplir des seaux qui seront versés dans les maturateurs.

Les extracteurs acceptent de 4 à 6 cadres pour les plus petits, de 40 à 68 cadres pour les plus grands, voire des hausses entières dans certaines installations professionnelles

L'extracteur peut être manuel, muni d'une manivelle, ou motorisé. Si vous possédez moins d'une dizaine de ruches, un petit extracteur recevant de 4 à 12 cadres convient parfaitement. Au-delà, il faut voir plus grand : tout est question de place et surtout de budget.

Option intéressante pour les petites installations : le combiné extracteur-maturateur.

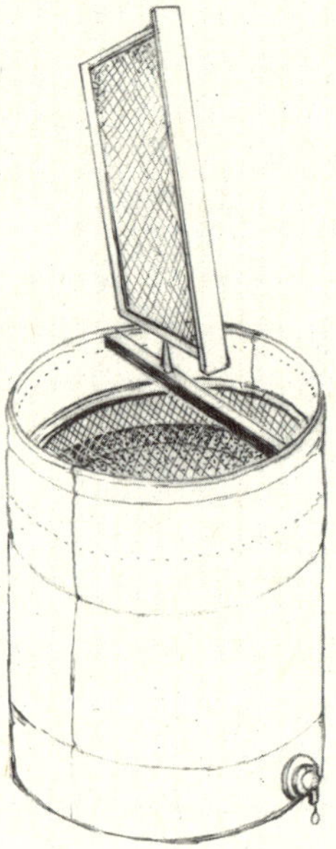

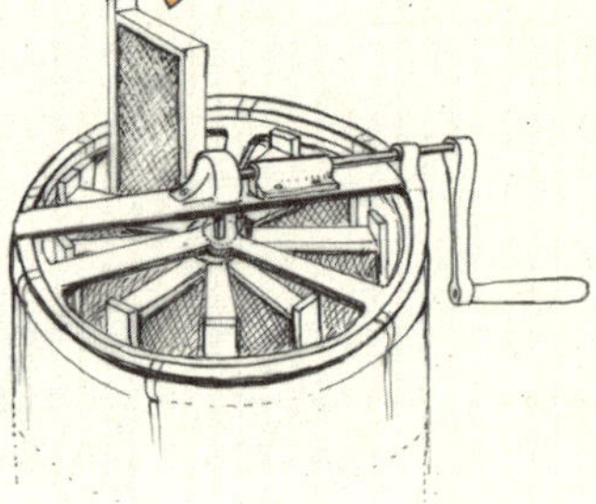

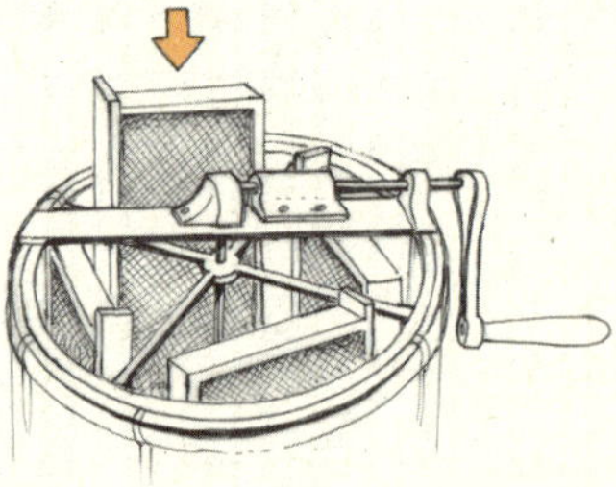

À gauche : *bac à désoperculer, muni de sa barre à pointe, d'un tamis surmontant une cuve pouvant servir de maturateur et d'un robinet situé au point le plus bas.*

À droite en haut : *extracteur de type radiaire, les cadres sont placés comme les rayons d'une roue ; les deux faces du cadre seront vidées de leur miel au cours de la même rotation.*

À droite en bas : *type tangentiel. C'est souvent le cas des petits extracteurs. Seule la face externe du cadre sera vidée de son miel. Il faudra donc retourner les cadres et effectuer une deuxième rotation.*

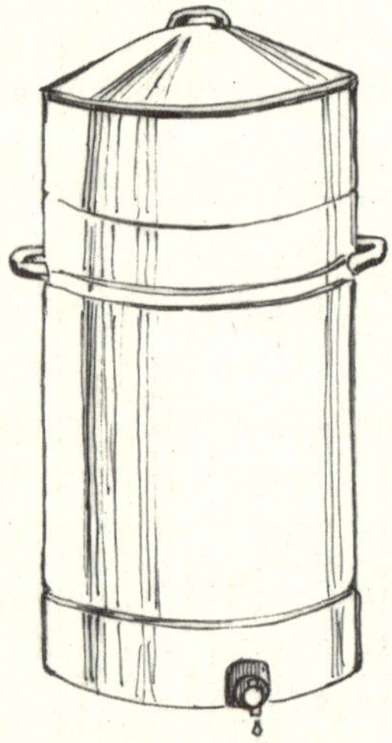

Maturateur-décanteur

C'est un récipient en Inox de capacité variable (généralement 50, 100 et 200 kg) et muni d'un robinet, servant à la décantation du miel. Pour l'apiculture de loisir, il peut être remplacé par des fûts en plastique alimentaire, bien moins onéreux.

Que faire des cadres et hausses vidés ?

Après extraction, les cadres présentent encore des traces de miel ; ils sont réinsérés dans les hausses, puis les hausses replacées sur les ruches. Les abeilles lécheront le miel restant.

Prévenir les pillages
Éliminez avec une éponge humide les coulées de miel à l'extérieur des hausses avant le retour au rucher. Intervenez presque à la nuit tombante, afin d'éviter l'affolement des abeilles.

Bien remettre les cadres en place
Avant de quitter la miellerie, éliminez les excès de cire ou de propolis sur les champs des parois des hausses. Cela évitera, lors du repositionnement sur la ruche, tout mauvais joint par lequel les abeilles pourraient s'engouffrer.

En milieu de saison
Les abeilles répareront les bords des alvéoles abîmés par le couteau à désoperculer et recommenceront à engranger nectars et miellats dans les hausses.

En fin de saison
Ne laissez les hausses que quelques jours, puis retirez-les et stockez-les pendant tout l'hiver.

Lutter contre la fausse-teigne
Confectionnez un cadre avec des liteaux aux dimensions de la base des hausses à stocker. Munissez-le d'un grillage à mailles fines (comme celui des fonds de ruches). Placez des tasseaux sur les côtés. Empilez les hausses, préalablement léchées par les abeilles, jusqu'à 2 m de hauteur. Fermez la pile en haut par un cadre grillagé similaire (ou un toit, en extérieur).

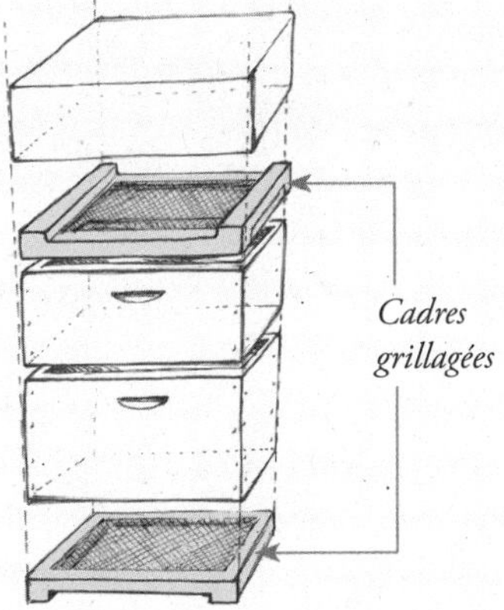

Extraire le miel

Quand travailler ?

Passez à l'extraction immédiatement après la sortie des cadres des ruches, quand le miel est encore à 30 °C, fluide. Si vous devez attendre, la température de la pièce doit être au minimum de 22 à 25 °C.

Comment procéder ?

1. Empilez les hausses arrivant du rucher sur le plateau.
2. Prenez un premier cadre et placez-le sur le bac à désoperculer. Quel que soit le modèle, il y a toujours une barre horizontale, en bois ou en métal, équipée en son centre d'un éperon pointu sur lequel on positionne le cadre. Assurez-vous de sa stabilité.

3. À l'aide du couteau à désoperculer, découpez la pellicule d'opercules par un mouvement de sciage (comme avec un couteau à pain).
4. Placez le cadre dans l'extracteur.
5. Procédez de même avec les cadres suivants.
6. Une fois l'extracteur rempli, actionnez-le. Le miel encore chaud se détache des alvéoles en 2 ou 3 minutes. En soulevant le couvercle de l'extracteur, observez les gouttelettes de miel projetées sur les parois. Si cette projection est insignifiante, arrêtez la rotation. Avec un extracteur tangentiel vous devez retourner les cadres pour extraire la seconde face.

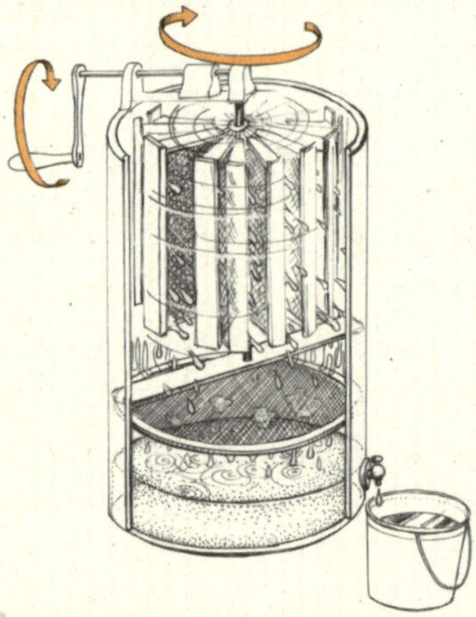

7. Le miel qui s'accumule au fond de l'extracteur va atteindre le niveau bas des cadres et arrêter la rotation. Placez un seau sous le robinet et ouvrez-le.
8. Versez le miel recueilli dans le ou les maturateurs. Laissez-le une dizaine de jours.

Décanter le miel

Pourquoi décanter ?

La désoperculation engendre beaucoup de petits déchets de cire et la rotation des cadres à une certaine vitesse au cours de l'extraction entraîne la formation de petites bulles d'air : le miel est trouble et des corps étrangers flottent dans sa masse. Certes, il peut être consommé ainsi – sortant des cadres il garde encore toutes ses saveurs et tous ses arômes –, mais il n'est pas commercialisable.

Pendant combien de temps ?

Au moins 8 jours. Le miel, tout naturellement, descend au fond et les impuretés remontent en surface. Le délai est conditionné par la viscosité du miel et la température ambiante dans la miellerie.

Certains miels à cristallisation ultra rapide, comme celui de colza, prennent rapidement. Au bout de 8 jours dans un maturateur, ils ne peuvent déjà plus s'écouler par le robinet. À l'apiculteur d'estimer le temps de décantation et la consistance.

Comment procéder ?

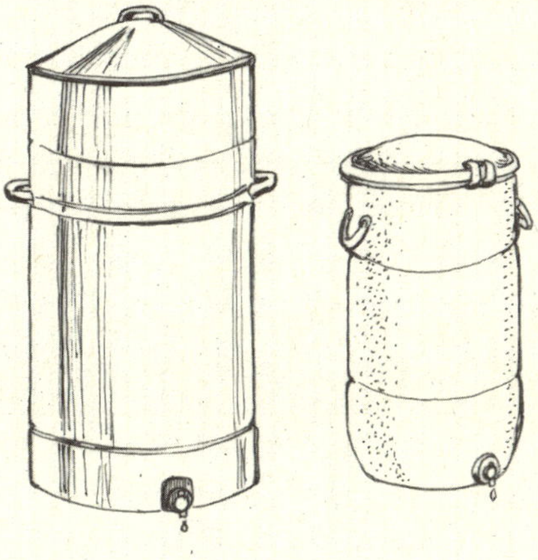

1. Versez le miel sorti de l'extracteur dans un récipient (maturateur-décanteur en Inox ou simples fûts en plastique alimentaire, voir page 140).

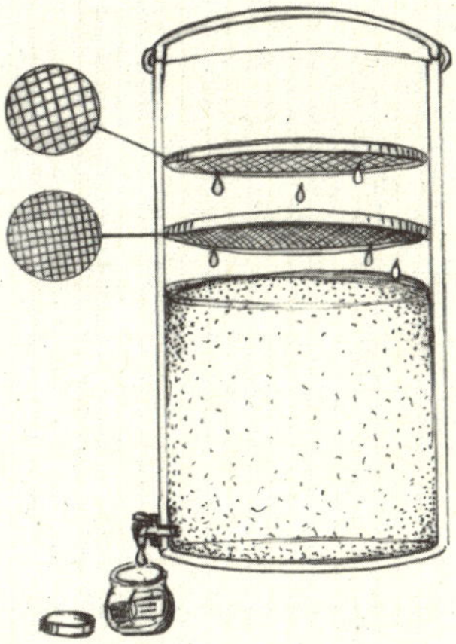

2. Au bout de 8 jours, ouvrez le robinet et laissez couler un peu de miel : il doit être pur et limpide pour être mis en pots.

Mettre en pots

Le choix des pots

Choisissez des pots en verre ou en plastique, transparents ou opaques. Les pots en verre sont fermés par une capsule métallique plus ou moins décorée. Ceux en plastique peuvent être livrés avec des impressions de textes et d'images.
Les contenances sont de 250, 500 et 1000 g. La législation actuelle laisse toute liberté quant au poids de miel conditionné. Un seul impératif : la mention du poids net doit figurer sur l'étiquette.

La préparation des pots

Les récipients neufs livrés par un fabricant sont prêts pour la mise en pots sans nettoyage ou désinfection préalable. Les pots en plastique ne sont pas réutilisables, alors que les pots de verre peuvent être nettoyés à la machine ou à la main.

Le bon poids

Pour les pots en verre, le rétrécissement du goulot constitue un repère. De même, l'épaulement des pots en plastique est un indicateur de poids. Toutefois, la marge d'imprécision reste importante (+/- 50 grammes). Mieux vaut peser. Dès que votre production atteint une certaine importance, vous avez tout intérêt à acquérir une machine doseuse. Un gain de temps appréciable.

L'étiquetage

Si le miel que vous avez récolté est destiné à une consommation personnelle, vous pouvez laisser libre cours à votre imagination. En revanche, si vous souhaitez mettre en vente quelques pots, respectez la réglementation.

Sur un pot, l'étiquette doit mentionner :

Poids net en grammes ou en kilogrammes.

Nom, raison sociale, adresse du producteur, du conditionneur ou du vendeur.

Pays d'origine : France, par exemple, ou bien Mélange de miels originaires de la CE ; Mélange de miels non originaires de la CE ; ou encore Mélange de miels originaires et non originaires de la CE.

Indication régionale, territoriale ou topographique (miel de montagne, etc.), si le produit en provient en totalité.

Origine florale ou végétale (miel d'acacia, de lavande, etc.) si le miel est issu en majorité de la plante et en présente les caractéristiques (goût, arômes, etc.).

Date limite d'utilisation optimale.

Mentions facultatives, sans caractère légal : crémeux, doré, liquide, mille fleurs, toutes fleurs.

Liquide ou cristallisé ?

Après mise en pots, le miel reste plus ou moins longtemps liquide sans que l'apiculteur y soit pour quelque chose. Le glucose a tendance à cristalliser rapidement, le fructose à rester liquide. C'est donc le rapport entre ces deux composants qui détermine la rapidité de la cristallisation. Parmi les miels courants, les deux extrêmes sont représentés par le colza et l'acacia. Le premier, plus riche en glucose, cristallise très vite (y compris dans la ruche, si l'apiculteur retarde sa récolte). Pour le second, le rapport glucose/fructose s'inverse ; un bon miel d'acacia peut rester liquide de nombreuses années. Entre ces deux miels, tous les cas de figure sont possibles. La majorité des miels cristallise au cours de l'hiver qui suit la récolte. C'est un phénomène naturel, normal, non un défaut. Tout le problème de la cristallisation est son grain : plus il est fin, plus il est agréable.

Plus la cristallisation est rapide, plus les grains sont fins ; il en va ainsi du miel de colza. Plus elle est lente, plus elle forme des cristaux gros et irréguliers.

La conservation

Privilégiez un endroit sain, sec, frais et à l'abri de la lumière. Un pot entamé peut être conservé dans un placard (et non au réfrigérateur), couvercle bien fermé. La teneur en eau du miel a été réduite par l'abeille, ce qui favorise sa conservation. Si elle s'élève au-dessus de 18 %, il y a risque de fermentation. Sans être nocif, le miel devient désagréable au goût et au nez, et peut occasionner des troubles digestifs. Reste une utilisation possible : la cuisine au miel ou la fabrication de pain d'épice… si cette fermentation a à peine débuté.

Comment retrouver un miel liquide ?

Le moyen le plus simple est de placer le pot au bain-marie, pas trop chaud : 40 °C maximum. C'est à peu près la température régnant dans une ruche en plein été. Les propriétés du produit ne sont pas altérées. Le miel étant mauvais conducteur de chaleur, il se liquéfie lentement : remuez-le avec une cuillère dès que la masse devient pâteuse.

Les apiculteurs contrôlent le phénomène de cristallisation afin d'obtenir un miel crémeux, tartinable, plus stable dans le temps. Pour ce faire, ils brassent pendant un certain temps, mécaniquement et lentement, un fût de miel qui aurait tendance à cristalliser spontanément. Les chaînes de cristaux sont rompues, le miel reste crémeux. Si le miel traité n'a pas spontanément tendance à prendre, il faut lui ajouter entre 5 et 10 % d'un miel se figeant en cristaux très fins ; le colza est souvent employé. Le miel obtenu est alors un « toutes fleurs » puisqu'il y a eu mélange. *A contrario*, les miels « monofloraux » doivent évoluer naturellement, comme le déterminent les nectars qui sont à leur origine.

La dégustation

Le consommateur est influencé par ses préférences personnelles. Il ne cherche pas à établir un comparatif objectif, mais satisfait son propre plaisir. Dans un concours de miels, la démarche du dégustateur est très différente. Elle est guidée par des critères précis. Un miel d'acacia, même excellent, qui afficherait une couleur sombre, ne pourrait recevoir une appréciation favorable.

La couleur. Au laboratoire, le classement se fait en degrés sur l'échelle de Pfund. Il existe des atlas des couleurs de miel. Enfin, un appareil (Lovibond) permet de comparer un échantillon de miel avec 9 pastilles de verre différemment colorées.

Le goût. Le sucré sera toujours perçu, mais il sera plus ou moins équilibré par l'acidité et l'amertume. L'amertume caractérise le miel de châtaignier et plus encore celui d'arbousier.

Le toucher. Les perceptions tactiles se font au niveau des lèvres, de la langue et du palais. Les grains importants, dus à des cristallisations grossières, sont désagréables.

Les arômes. Les arômes légers sont assez difficiles à définir, la subjectivité de chacun jouant un grand rôle. Ils sont plus aisés à appréhender dans les miels typés, comme le tilleul (menthol) ou le châtaignier.

Quelques miels et leurs caractères

Origine	Couleur	Consistance	Origine	Couleur	Consistance
Acacia	clair, transparent	liquide très longtemps	**Luzerne**	clair, puis tendance grise	grains fins
Amandier	clair, transparent	onctueux	**Oranger**	doré	grains fins
Arboursier	brun	grains grossiers	**Pissenlit**	jaune doré	cristallisation rapide fine ou moyenne
Aubépine	jaune pâle à légèrement ambré	grains fins	**Rhododendron**	clair, puis presque blanc	cristallisation lente et fine
Bourdaine	roux	liquide	**Romarin**	clair, puis jaune pâle ou gris	grains fins à moyens
Bruyère arborescente	brun	grains fins	**Ronce**	marron clair	longtemps liquide, puis gros grains
Bruyère callune	brun-roux	gélatineuse	**Sainfoin**	très clair, puis blan-châtre	cristallisation lente et fine
Bruyère cendrée	brun	grains fins	**Sapin des Vosges**	brun-vert	épais, sirupeux
Chardon	prangé, puis brun clair	cristallisation fine	**Sapin du Jura**	brun-roux	liquide
Châtaignier	marrons et bruns divers	liquide, puis gros grains	**Sauge**	jaune vif	grains fins
Chêne (miellat)	brun sombre	gros grains	**Serpolet**	jaune orangé, puis virant au brun	cristallisation rapide, grossière
Colza	clair, puis très blanc	grains fins	**Thym**	marron très clair	cristallisation rapide, grossière
Eucalyptus	jaune clair	grains moyens	**Tilleul**	jaune clair à reflets plus ou moins foncés	grains fins à moyens
Lavande	très clair, puis plus ou moins doré	grains fins à moyens	**Tournesol**	jaune vif	grains fins à moyens
Lavandin	très clair, puis blanchâtre	grains fins	**Trèfle**	clair, puis blanchâtre	crémeux, grains fins
Lierre	jaune-brun	grains fins			

Roue des arômes

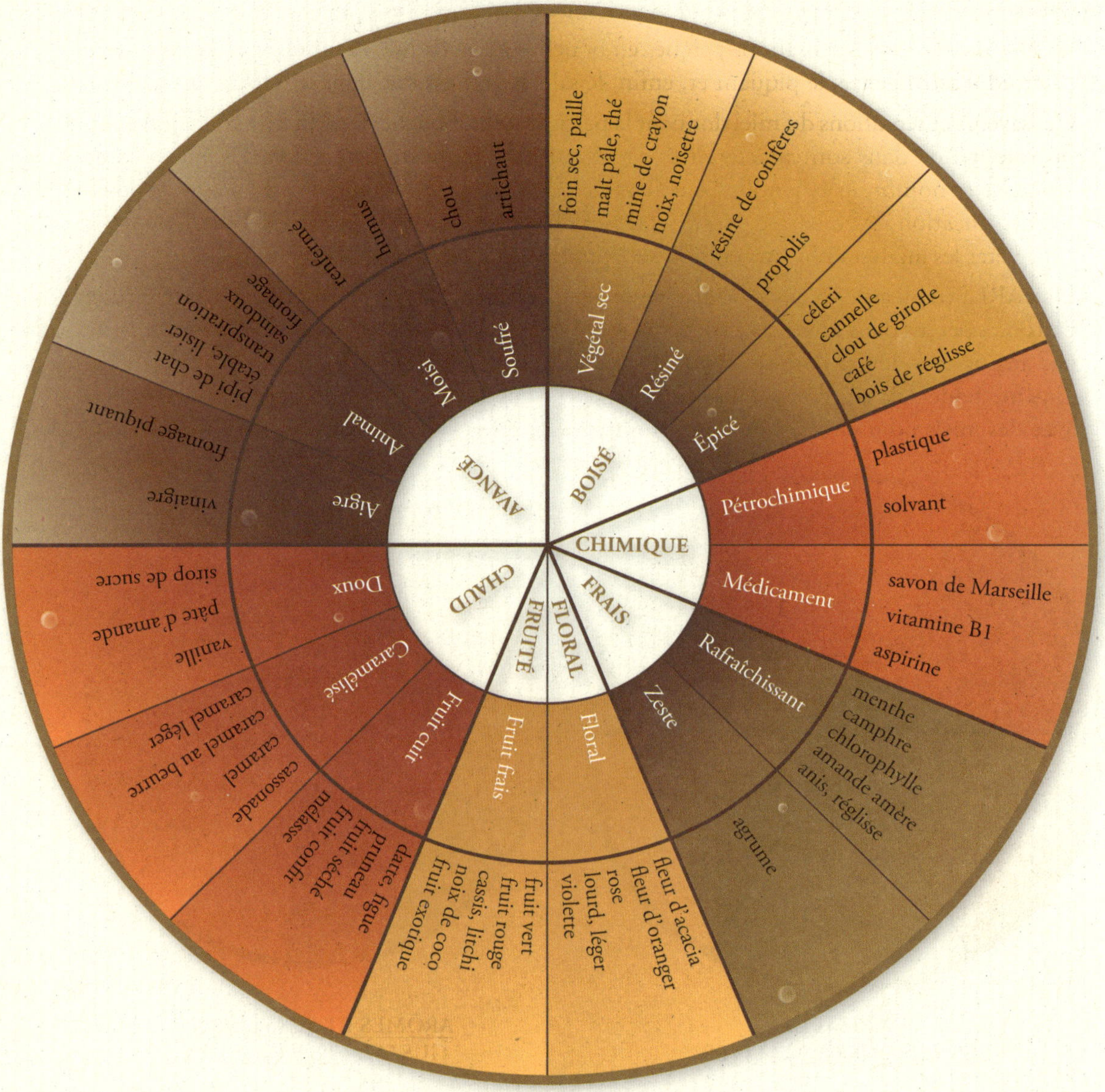

LA ROUE DES ARÔME DES MIELS

Depuis quelques années, des scientifiques, et notamment le centre apicole belge de recherche et d'information (CARI), se sont intéressés à l'analyse gustative des miels, c'est-à-dire à la reconnaissance :

1. Des odeurs, perçues au nez, et des arômes, perçus en bouche.
2. Des saveurs et des sensations perçues en bouche : l'amertume, l'acidité, le sucré, le caractère froid, l'astringence, le piquant et, enfin, le salé, lequel est rare dans le miel.

Ces saveurs et sensations du miel donnent la persistance en bouche. La difficulté de la dégustation du miel réside dans son caractère très sucré qui modifie notre perception des autres saveurs et limite le nombre d'échantillons analysables (le palais sature vite). Cette analyse contribue à l'identification des miels et peut constituer un outil pour leur certification. Elle vient ainsi compléter les analyses physico-chimiques et polliniques réalisées en laboratoires.

Le CARI a établi avec l'aide de dégustateurs bénévoles une roue des arômes regroupant la palette d'arômes perçus dans les miels européens. Elle fait référence à de nombreux descripteurs définis par analogies à des produits connus du grand public (des fleurs, des fruits, des épices, etc.). Une méthode déjà employée dans le domaine des vins, par exemple. Ce travail réalisé au départ avec des miels monofloraux s'adapte à tout type de miel.

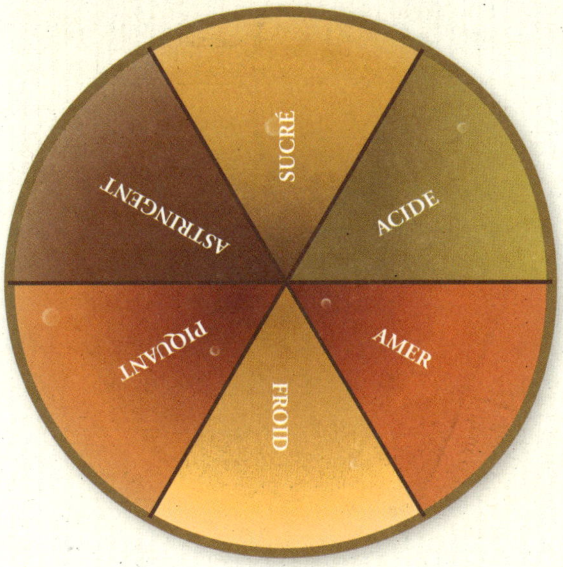

SAVEURS ET SENSATIONS GUSTATIVES

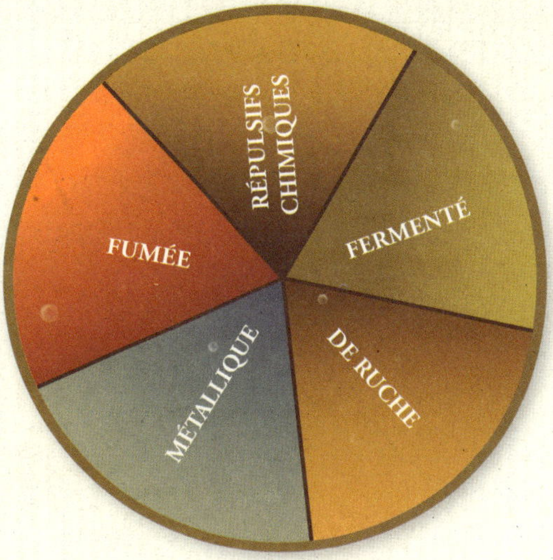

ARÔMES ET SENSATIONS GUSTATIVES EXOGÈNES

La roue ci-contre représente les différents arômes perçus lors de la dégustation des miels. Ils sont regroupés en classes et sous-classes, avec certains descripteurs.

Schémas reproduits avec l'aimable autorisation du CARI (www.cari.be).

7

Encyclopédie des connaissances agricoles

Annexes

Ressources utiles

France

La Galerie apicole : www.apiservices.com
Le site national et international de l'apiculture sous toutes ses facettes.

Fabricants et revendeurs de matériel apicole

Les Abeilles : 21 rue de la Butte-aux-Cailles, 75013 Paris

Ateliers du Prieuré (fabriques de ruches) **:** 48600 Laval-Atger. Tél. : 04 66 46 33 03

Au Rucher : 62 rue de Rome, 75008 Paris

Besacier (matériel apicole) **:** 484 route d'Ouches, 42153 Riorges ; www.besacierapiculture.com

Coopérative apicole du Jura (matériel apicole) **:** ZI Victor-Puiseux, 39000 Lons-le-Saunier ; http://cooperativeapicole.com

Dorsman Négoce et propolis : 39110 La Chapelle-sur-Furieuse. Tél. : 03 84 73 81 62

Ickowicz Apiculture : BP 70 rue Alphonse-Daudet, 84500 Bollène ; www.ickowicz-apiculture.com

Lerouge Apiculture : 91 rue Mangin, 60130 Saint-Just-en-Chaussée

Leygonie (produits et matériels apicoles) **:** 86 rue de l'Île-du-Roi, 19100 Brive ; www.ets-leygonie.net

Lozachmeur (hydromel) **:** 400, route de Quimperlé, 29300 Baye ; www.apiservices.com/lozachmeur

Musée vivant de l'Abeille (hydromel/vinaigre) **:** 19 Route de Laon, 02820 Corbeny

Nevière Apiculture (matériel apicole) **:** route de Manosque, 04210 Valensole ; www.neviere.fr

Nicoplast France-Miels (coopérative apicole/laboratoire) **:** BP 5, 39330 Mouchard

Pollenergie (produits à base de pollen) **:** Gravère, 47490 Saint-Hilaire-de-Luzignan ; www.pollenergie.fr

Rigault SARL (fabrique de ruches) **:** 2291 rue Marcel-Donette, 45700 Pannes. Tél. : 02 38 87 85 82

Robida Association (fabrique de ruches) **:** ESAT/Foyer CAJ, 53410 Port-Brillet. Tél. : 02 43 68 80 16

Route d'or apiculture (matériel apicole) **:** ZA de la Poutière, 49150 Clefs ; www.routedor.fr

Société commerciale du Vidalet (ruches et matériel apicole) **:** ZA du Tourneris, 31470 Bonrepos-sur-Aussonnelle. Tél. : 05 62 13 54 80

Miels Villeneuve : ZA Villemandeur, BP 307, 45203 Montargis Cedex ; www.mielsvilleneuve.com

Thomas Apiculture : ZA de l'Évangile, BP2, 45450 Fay-aux-Loges ; www.thomas-apiculture.com

Une adresse anglaise, mondialement connue et très présente en France

Sherriff International (vêtements, accessoires) **:** Carclew Road, Mylor Downs Falmouth Cornwall TR11 5UN, United Kingdom ; www.bjsherriff.co.uk

Domaine scientifique

Bulletin technique apicole (BTA) **:** 31 rue Bernard-Mulé, 31400 Toulouse (publication trimestrielle)

Centre de la cognition animale de Toulouse, CNRS UMR 5169 ; www.cognition.ups-tlse.fr

Centre INRA d'Avignon, Montfavet, Atelier apicole expérimental ; www.avignon.inra.fr

CNRS Gif-sur-Yvette, Laboratoire évolution, génomes et spéciation : 1 avenue de la Terrasse, 91198 Gif-sur-Yvette cedex ; www.dr4.cnrs.fr

CNRS Orléans : 1A, rue de la Férollerie, 45071 Orléans Cedex 2 ; www.cnrs-orleans.fr

École vétérinaire de Nantes : route Gachet, 44300 Nantes ; www.vet-nantes.fr

ENVA : 7 avenue du Gal-de-Gaulle, 94700 Maisons-Alfort ; www.vet-alfort.fr

Montpellier SupAgro, site de la Gaillarde **:** 2 place Pierre-Viala, 34060 Montpellier cedex 02 ; www.supagro.fr

Syndicats et fédérations apicoles

Association nationale des éleveurs de reines et des Centres d'élevage apicoles (ANERCEA) : Domaine du Magneraud,17700 Surgères ; www.apiculture.com/anercea
Revue : *Infos-reines*

Centre d'études techniques apicoles de Moselle (CETAM), Laboratoire d'analyses du miel **:** 8, rue du Moulin, 57410 Gros-Rederching.
Tél. : 03 82 82 68 22

Fédération nationale des organisations sanitaires apicoles départementales (FNOSAD) **:**
www.fnosad.com
Revue : *La Santé de l'abeille*

Office pour l'information et la documentation en apiculture (OPIDA) ; www.opida@aol.com
Revue : *Bulletin technique apicole*

Société centrale d'apiculture (SCA) : 41 rue Pernety, 75014 Paris ; www.la-sca.net. Ruchers pédagogiques à Paris : jardin du Luxembourg et parc Georges-Brassens

Syndicat national d'apiculture (SNA) : 5 rue de Copenhague, 75008 Paris ; www.snapiculture.com
Revue : *L'Abeille de France*

Union nationale de l'apiculture française (UNAF) :
26, rue des Tournelles, 75004 Paris ;
www.unaf-apiculture.info
Revue : *Abeilles et Fleurs*

Belgique (Wallonie)

Centre apicole de recherche et d'information (CARI) **:** 4, place Croix-du-Sud, B-1348 Louvain-la-Neuve ; www.cari.be
Revue : *Abeilles et Cie*

Société royale d'apiculture de Bruxelles et ses environs : Oyenbrugstraat 40, B-1850 Grimbergen ; www.api-bxl.be
Revue : *Le Rucher fleuri*

Union des fédérations apicoles de Wallonie et Bruxelles (UFAWB) **:** allée du Ploche 4, B-1400 Nivelles
Revue : *La Belgique apicole*

Union royale des ruchers wallons ;
www.apiculture-urrw.be
Revue : *La Revue belge d'apiculture*

Éleveurs de reines

Abeille carnolienne : Henri Renson, rue Sabaree, 176, B-4602 Cheratte Hauteurs (Visé). Tél. : 43 623126

Abeille noire : Hubert Guerriat, rue du Tilleul 19, B-5630 Daussois ; www.mellifica.be. Tél : 71 613096

Suisse romande

Société romande d'apiculture (SAR) **;** www.abeilles.ch
Revue : *Revue suisse d'apiculture*

Librairie apicole romande : librairieapicole@post-mail.ch

Grand Apier de Suisse : CP 89, CH-1870 Monthey 1 ; www.grandapier.co.nr

Station de recherche agroscope Liebefeld-Posieux (ALP) **:** Schwarzenburgstr. 161, CH-3003 Bern ; www.agroscope.admin.ch

Grand-Duché de Luxembourg

Sélection/élevage de reines Buckfast : Paul Jungels – Annette et Jos. Guth, 12 rue des Vignes, L-5460 Trintange. Tél. : 352 35 85 75

Glossaire

A

alvéole : cavité hexagonale façonnée en cire par les abeilles et formant les rayons. (Synonyme : cellule.)

antenne : appendice allongé, mobile, situé en avant de la tête des insectes.

appareil vulnérant : ensemble des organes qui permettent à l'ouvrière de se défendre. (Voir dard et poche à venin.)

avette : terme ancien, d'origine berrichonne, désignant l'abeille.

B

butinage : visite par les abeilles des sources de nectar intéressantes dans un périmètre de 2 km au maximum.

C

cadre : encadrement en bois ou en plastique destiné à maintenir une feuille de cire gaufrée et à rationaliser la récolte du miel.

cellule : élément constitutif de base de l'habitat de l'abeille. (Synonyme : alvéole.)

chitine : constituant principal des tissus (téguments) de certains insectes, dont l'abeille.

cire gaufrée : cire d'abeille recyclée par l'apiculteur et travaillée par un manufacturier sous forme de feuille portant l'empreinte des fonds d'alvéoles.

cire : substance sécrétée par des glandes spécifiques de l'abeille et qui est un élément de construction de son habitat.

cirière : abeille, âgée de 12 à 18 jours en moyenne, dont les glandes cirières sont productives.

colonie : ensemble des abeilles peuplant une ruche (une reine, de 20 à 60 000 ouvrières et quelques centaines de faux-bourdons).

corbeille : cavité située sur la face externe de chacune des pattes de l'abeille, permettant le transport du pollen ou de la propolis jusqu'à la ruche.

corps de ruche : élément de la ruche abritant le couvain et une partie de la nourriture.

couvain : ensemble des œufs, des larves et des nymphes constituant le nid. Par extension : nid à couvain.

couvre-cadres : élément de la ruche, placé sous le toit, au-dessus des cadres, et muni d'un trou central occultable.

cristallisation : formation naturelle de cristaux dans le miel due à la présence de glucose.

cuilleron : partie terminale de la langue de l'abeille qui lui permet de prélever la gelée royale dans le fond des cellules.

D

danse : mode de communication des abeilles visant à informer la colonie sur les sites de butinage intéressants.

dard : partie piquante de l'appareil vulnérant, en forme de harpon chez l'ouvrière et lisse chez la reine. Les mâles en sont dépourvus.

désoperculer : enlever à l'aide d'un couteau spécial les opercules d'un rayon avant l'extraction du miel.

dextrose : forme de glucose.

E

éclaireuse : ouvrière chargée de rechercher les sources de nourriture ou le site d'un nouvel habitat en cas de préparation à l'essaimage.

élevage : construction de cellules royales pour préparer la naissance de jeunes reines.

enfumer : projeter des jets de fumée froide lors de l'ouverture de la ruche afin de maîtriser les abeilles.

essaim : groupe d'abeilles comportant une reine, plusieurs milliers d'ouvrières et quelques mâles quittant la ruche pour former ailleurs une autre colonie. Il est le fondement de la multiplication de l'espèce. L'essaimage peut être naturel ou artificiel (provoqué par l'apiculteur).

extracteur : cuve à système rotatif permettant l'extraction du miel sous l'effet de la force centrifuge.

F

faux-bourdon : abeille mâle. À ne pas confondre avec le bourdon (*Bombus*), plus gros, plus coloré, au vol très bruyant et qui butine.

G

gelée royale : substance sécrétée par des ouvrières nourricières entre le 5e et le 12e jour après leur naissance.

H

hausse : élément ajouté sur le corps de ruche en saison de récolte du miel. (Synonyme : grenier à miel.)

hémolymphe : liquide qui circule dans le corps des insectes et des mollusques.

hyménoptère : ordre d'insectes aux ailes membraneuses et à l'abdomen segmenté (abeille, bourdon, guêpe, fourmi, par exemple).

J

jabot : poche interne située entre l'œsophage et l'estomac de l'abeille, dans laquelle le nectar et l'eau sont stockés pendant le butinage.

L

larve : forme embryonnaire des insectes. Stade intermédiaire entre l'œuf et la nymphe.

lève-cadre : instrument facilitant l'ouverture d'une ruche et la séparation des divers éléments

M

mandibule : pièce buccale de l'abeille.

maturateur : récipient servant à la décantation du miel.

mellifère (plante) : qui produit du nectar.

miel : substance sucrée et parfumée, élaborée par les abeilles à partir du nectar des plantes mellifères.

miellat : produit sucré élaboré soit par certaines races de pucerons à partir de la sève des végétaux, soit par exsudation de certaines plantes.

miellerie : local où se déroule l'extraction, la maturation et la mise en pots du miel.

N

nectar : liquide sucré sécrété par les glandes des organes floraux (étamines) ou extra-floraux.

nourricière : abeille ouvrière en âge de sécréter la gelée royale.

nourrisseur : récipient qui permet de nourrir la colonie en cas de disette et hors des saisons de miellées.

nuptial (vol) : vol effectué par la reine pour être fécondée.

nymphe : état intermédiaire entre l'état de larve et celui d'imago, ou insecte parfait.

O

opercule : plaque poreuse fabriquée par les ouvrières avec de la cire, des fibres et des poils pour fermer les alvéoles.

ouvrière : femelle stérile assurant le bon fonctionnement d'une colonie.

P

palynologie : science qui étudie les pollens actuels et fossiles.

pelote : boule formée avec du pollen amalgamé grâce aux sécrétions salivaires de l'abeille.

phéromones : substances chimiques diverses émises par la reine, les ouvrières et le couvain.

planche de vol : prolongement du plateau sur quelques centimètres en avant de la ruche. C'est la piste d'atterrissage des abeilles.

poche à venin : organe interne de l'ouvrière et de la reine contenant une réserve de venin.

pollen : poudre microscopique produite par les anthères des plantes à fleurs. Élément mâle permettant la fécondation des ovules de la plante et sa reproduction.

pollinisateur : vecteur de pollen d'une fleur à une autre de la même espèce.

pollinisation : transport de l'élément mâle vers l'élément femelle d'une plante à fleurs.

propolis : substance résineuse récoltée par l'abeille sur les bourgeons terminaux de certains arbres et sur certaines herbacées.

R

rayon : gâteau de cire formé par la juxtaposition de centaines d'alvéoles.

reine : femelle reproductrice chez les insectes sociaux (abeille, guêpe, fourmi, termite, bourdon).

rive (cadre de) : cadre situé le long des parois latérales de la ruche.

ruche : habitation des abeilles.

rucher : endroit aménagé où sont disposées des ruches.

ruchette : petite ruche destinée à l'hébergement d'une colonie limitée d'abeilles, à l'enruchement d'un essaim, à l'élevage de nouvelles colonies.

T

trappe à pollen : grille piège permettant de récolter les pelotes de pollen.

trou de vol : orifice à l'avant d'une ruche par lequel les abeilles peuvent entrer et sortir.

V

vareuse : blouse équipée d'un chapeau et d'un voile qui protège le haut du corps jusqu'à la ceinture.

ventileuse : abeille ouvrière chargée d'assurer la ventilation dans la ruche ou sur la planche d'envol.

Bibliographie

Alphandery, Raoul, *La Route du miel*, Nathan, 1992

Clément, Henri, *Créer son rucher*, Rustica, 2004

Corbara, Bruno, *La Cité des abeilles*, Gallimard, 1991

Darchen, Bernadette, *L'Apiculture de la préhistoire à l'histoire*, PLB, Le Bugue, 2003

Gould, James L., Carol Grant, *Les Abeilles : comportement, communication et capacités sensorielles*, Belin, 1993

Goût, Jacques, Jardel, Claude, *250 réponses aux questions d'un ami des abeilles*, éd. du Gerfaut, 2008

Goût, Jacques, Jardel, Claude, *Le Monde du miel et des abeilles*, Delachaux & Niestlé, 1998

Jean-Prost, Pierre, *Apiculture : connaître l'abeille, conduire le rucher*, Lavoisier, 2005

Jouve, Franck, Starosta, Paul, *Le Grand livre du miel et des abeilles*, Solar, 1997

Karl von Frisch, *Vie et mœurs des abeilles*, Albin Michel, 1984

Le Traité d'apiculture, Rustica, 2009

Marchenay, Philippe, Bérard, Laurence, *L'Homme, l'abeille et le miel*, éd. De Borée, 2007

Marchenay, Philippe, *L'Homme et l'Abeille*, Berger-Levrault, 1984

Moro-Buronzo, Alessandra, *Les produits de la ruche : miel, propolis, pollen, gelée royale*, Jouvence, 2009

Pham-Delègue, Minh-Hà, *Les Abeilles*, Minerva, 1999

Regard, André, *Le Manuel de l'apiculteur néophyte*, Lavoisier, 1988

Renault-Miskovsky, Josette, *Spores et Pollen*, La Duraulié, 1989

Tourneret, Éric, *Le Peuple des abeilles*, Rustica, 2007

Valli, Éric, Summers, Diane, *Chasseurs de miel*, Nathan, 1988

Winston, Mark L., *La Biologie de l'abeille*, Frison-Roche, 1993

Remerciements de l'auteur

En souvenir de mon grand-père qui, il y a plus d'un demi-siècle, a su me faire découvrir cet insecte qui m'est resté si cher.

Je remercie tout particulièrement mon épouse qui, non contente de supporter patiemment mes errances apicoles, a participé et contribué à bien des moments de ma vie associative.

Je voudrais avoir aussi une pensée pour tous ceux qui, chercheurs, apiculteurs petits et grands, amis et collègues de la Société centrale d'apiculture, m'ont permis d'acquérir quelques bribes de connaissances dans cette discipline ô combien complexe qu'est la culture des abeilles.

Un grand merci, enfin, à Étienne Bruneau, du CARI, pour sa contribution au texte sur les arômes du miel.

Remerciements de l'illustrateur

Julien Norwood remercie Claire Villemant (maître de conférences, chargée des collections d'hyménoptères du laboratoire d'entomologie, au Muséum national d'Histoire naturelle de Paris), ainsi que Christophe Im (apiculteur amateur).

Index

R

S

T

U-V-Y

Produit complet Estella Gráficas (Espagne)
ISBN : 978-2-01-237472-0
Dépôt légal : février 2010
23-32-7472-01-6